松嶋隆弘
大久保拓也 ［編］

商事法講義 3
支払決済法

Commercial law 3

中央経済社

は し が き

1. 本書は，われわれ2名の共編による商事法講義シリーズ全3巻のうち第3巻である。商事法講義シリーズは，日ごろから研究・教育活動を共に行うわれわれ2名が共編者となり，親しい研究者とともに，商法学の全体像につき，できるかぎり客観的な観点から，鳥瞰すべく編まれた書物であり，講義の教材，各種試験の基本書等の教育書として活用されることを目的としている。教育書としては，狭義の「商法」に対象を絞るのが効率的ではあるが，それでは，経済の変化に即応し，変わりゆく商法の全体像を示すことができない。タイトルを商「事」法としているのは，そのあたりの悩みを表すものである。

2. 本書は，商法学のうち，講学上，「手形法・小切手法」に相当する部分を取り扱う。支払決済方法の多様化・電子化に伴い，近時，商取引における手形・小切手の利用減少の傾向は著しい。「変わりゆく商法の全体像を示す」観点からは，教育書である本書にとっても，支払決済方法の多様化・電子化を取り扱うことは必須であるものの，教育的観点からは，既存の手形法・小切手法に関する法的議論を無視することはできない。そして，なんといっても後者の学習は，法解釈のトレーニングには最適である。本書の課題は，必ずしも両立しない前者と後者の各要請をいかに調和させるかにある。本書のサブタイトルが「支払決済法」とされているのは，その1つの解である。すなわち，われわれとしては，これまでの手形法・小切手法に関する解釈論をしっかりと学んだ上で，それらを新たな支払決済の手法へ応用することが可能であり，かつ妥当であると考えている。

3. これらのことにかんがみ，本書では，冒頭に決済と有価証券についての総論的説明を置いた後，手形法・小切手法につき，オースドックスな目次に従い解説をし，その上で，銀行振込，資金移動，電子マネー，暗号資産といった最新の事象に触れることにした。

　周知のとおり，手形法においては，手形学説と称され，刑法理論に比肩するほど，解釈論が発達してきた。これらは，交付欠缺，後者の抗弁，白地手形等の項目において著しい。そこで，手形法・小切手法に関する個々の項目の中では，判例・通説に従いつつも，適宜，有力説，反対説と対比しつつ解説し，できる限り，問題の所

在が浮き彫りになるように努めることにした。

　手形・小切手の利用が減少している現在，「何を残し，何を捨てるか」は，重要な課題である。ただ，対立する両説を踏まえ，検討することで，かえって問題の所在が深く理解でき，判例の射程距離も正確に把握できる。そして，なによりも読者の解釈力を伸ばすことができる。本書は，このような観点に立って編まれている。

4．われわれ共編者としては，本書が，読者の商法の学習のために，貢献できることを大いに期待している。そして，無味乾燥とされがちな商法に対し，少しでも興味を持たせられたらと願っている。

　なお，本書所収の統一手形用紙の見本等については，一般社団法人全国銀行協会作成にかかるものを，同協会の許可を得た上で掲載している。ここに記した上で，深く感謝申し上げる。

　令和2年9月

松嶋　隆弘
大久保拓也

目　次

凡　例

会＝会社法
商＝商法
手＝手形法
小＝小切手法
金商＝金融商品取引法（金商法）
刑＝刑法
資金決済法＝資金決済に関する法律
資金移動府令＝資金移動業者に関する内閣府令
電子債権＝電子記録債権法
破＝破産法
非訟＝非訟事件手続法
民＝民法
民訴＝民事訴訟法

民（刑）集＝最高裁判所（大審院）　　　　金法＝金融法務事情
　　　　　　民（刑）事判例集　　　　　　金判＝金融・商事判例
民録＝大審院民事判決録　　　　　　　　　判時＝判例時報
集民＝最高裁判所裁判集民事
高民＝高等裁判所民事判例集

小塚＝森田：小塚荘一郎＝森田果『支払決済法─手形小切手から電子マネーまで─
　〈第3版〉』（商事法務，2018年）
弥永：弥永真生『リーガルマインド手形法・小切手法〈第3版〉』（有斐閣，2018年）
　　　　　　　　　　　　　　　　　＊　＊
百選：神田秀樹＝神作裕之編『手形小切手判例百選〈第7版〉』（有斐閣，2014年）

第1編◆支払決済の意義

第1節　はじめに

　本書は，実質的意義における商法のうち，手形法・小切手法を中核とした支払決済に関わる一連の法規制を「支払決済法」という観点で体系的に取りまとめたものである。検討にあたり，本編では，①実質的意義における商法の中で支払決済法は，どのように位置づけられるか，②支払決済に関わる法規制として，どのようなものがあるか，について，適宜，具体例を示しつつ，大まかな見取り図を示しておきたい。

第2節　質的意義における商法中における支払決済法の位置づけ

1　形式的意義の商法

　どの法律科目でもそうであるが，「○○法」というときに，形式的意義の「○○法」と，実質的意義の「○○法」を区別する。商法の場合，形式的意義の商法とは「商法典」そのものを指す。「商法典」は，かつては商事法の中核的な法典であったが，会社に関する規制が会社法として，保険に関する規制が保険法として，それぞれ独立してしまい，現在では，個人商人に関する総則的規制，運送に関する法規制が含まれているものの，後は，総じて残骸的規制を残すのみのものとなってしまった。なお，支払決済に関わる手形法，小切手法は，わが国がジュネーブ条約を批准した際に，すでに単行法として，商法典から独立している。

2　実質的意義の商法：企業に関する法規制

　他方，実質的意義の商法であるが，かつては大きく争われた問題であるが，現在では，「企業法」であるということで，議論が落ちついている（企業法説）。企業法説の内容と意義については，詳しくは，商事法講義2（商法総則・商行為）を参考にされ

たい。ここでは，「企業に関する法規制」という程度の理解で話を先に進める。

3　支払決済法の位置づけ

　では，一群の「企業に関する法規制」中で，手形法・小切手法等の支払決済法は，どのような位置づけを占めるか。この点については，大まかに次のように理解することができる。

　民法が適用される世界（俗に「民事法」といわれる分野）では，われわれ「人」は，仕事としてビジネスにも関わるし，プライベートな世界では，社交として他人と付き合ったり，家庭生活を営んだりする。民事法は，これらの人の生活を包括的に規定するものである。これに対し，商法が適用される世界（俗に「商事法」といわれる分野）では，「人」は，ビジネスしか行わない。逆に，人の営む活動のうち，ビジネスに関わる部分を切り取ったものが商事法であると理解してもよい。議論を明確にするため，ビジネスを営む者のことを，これからは「企業」とよぶ。商事法は，企業に関わる法規制であるので，企業法である（逆が真であるかは，企業法の定義次第である。この点については，商事法講義2を参照されたい）。

　さて，企業の活動であるが，大きくは，⑴企業取引法と⑵支払決済法とに大別することができる。⑴は，いわゆるビジネス，金儲けに関する法である。ビジネスで儲けるためには，要は，「安く仕入れて，高く売り，差額を取得する」ということである。実質的意義における商法中，「商行為法」（商法典中の商行為に関する部分）は，この部分を規律する。他方，物を仕入れるにせよ，仕入れた物を売るにせよ，単に契約をして物を受け渡しただけではだめで，その後には対価の精算が必要となる。資本主義経済の下では，対価の精算はもっぱら金銭によりなされる。よって，ここではマネーの流れが生じる。マネーの流れは，人体でいうと血液の流れに等しく，的確に規制することは，経済社会が円滑に営まれるため，必要不可欠である。このマネーによる対価の精算のことを，決済とよび，⑵支払決済法は，この部分を規律する。

　さらにいうと，ビジネスを営む企業自体の組織運営を的確に規律することも，ビジネスにとって重要であり，⑶企業組織法は，この部分を規律する。具体的には，個人商人につき規律する「商法総則」（商法典中の総則部分）と，会社につき規律する「会社法」がこれに相当する。

　以上をまとめると，次のとおりである。下記のうち，本書は，⑵を対象とする。

⑴　企業取引法	企業の取引活動を規律	商行為法 （商法典中の商行為に関する部分）
⑵　支払決済法	マネーによる企業取引の対価の清算を規律	手形法，小切手法等

(3)　企業組織法	ビジネスを営む企業自体の組織 運営を規律	個人 商人	商法総則 （商法典中の総則部分）
		会社	会社法

　なお，マネーによる取引の対価の清算は，企業以外にとっても重要であり，決済は，企業のみがなすというわけではない。ただ，その規模からいって，実際に中心となるのは企業による支払の決済であろう。実質的意義の商法に，支払決済法が含まれているのは，ある意味，便宜的な部分があることは否定できない。

第3節　支払決済に関わる法規制の種類

1　コンビニエンスストアにおける利用

　支払決済に関わる法規制について，具体例で説明しよう。

【Case 1】
　Aは，コンビニエンスストアBで，商品をいろいろ購入して，代金を現金で支払った。

　【Case 1】は，日常よくある場面だが，Bからすると，立派なビジネスである。この場合，現金による支払は，それ自体コストを有している。すなわちBとしては，お釣り（特に端数が生じる場合）のため，さまざまな種別の現金をあらかじめ用意しておかなければならないからである。また，Aにとっても，小銭で財布が膨らむのは邪魔だし迷惑であろう。

【Case 2】
　Aは，コンビニエンスストアBで，商品をいろいろ購入して，代金を交通系電子マネーで支払った。

　【Case 2】も，これまた日常よくある場面である。交通系電子マネーによる支払は，【Case 1】で示した現金のハンドリングコストの問題を解消させる。ただ，Aは，当該電子マネーにあらかじめ，支払のため利用する分の額を「チャージ」しておかなければならない。また，Bも，電子マネーを利用できるようにするため，当該電子マネーのシステムの加盟店となり，端末機器導入等の初期投資をする必要がある。電子マネーについては，資金決済法が，もっぱら業法的観点から規制する（**第6編第2章**

第2節を参照)。

2　隔地者間売買の決済の場合

【Case 3】

　Aは，遠隔地に居住するCから商品甲を購入して期日までに代金150万円（税別）を支払うことになっている。その際，支払は，Cに対し直接現金にてなされるものとする。

　【Case 3】は，隔地者間売買の決済が現金でなされる場合である。民法上，弁済は，債権者の現在の住所においてなされるのが原則であるから（民484条），Aは，あらかじめ現金を用意して，Cの住所地まで赴くことになる。Aにとっては，第一に，現金の準備をしておくことがコストとなるし（多額の現金を引き出す場合には，場合によってはあらかじめ，銀行に連絡しておくことが必要になる），第二に，運搬それ自体がコストとなる。後者についていうと，金銭は，民法上，常に所有と占有が一致すると解されているので，Aとしては，他に取られたりしないように，絶えず注意して管理しつつ運搬する必要があるのである。

　他方，現金のハンドリングは，Cにとってもコストである。第一に，【Case 3】で代金150万円（税別）とあるとおり，税金分の端数が生じるため，お釣りとして何がしかの金銭を用意しておくことが必要となるし，第二に，前記金銭の性質上，金銭の保管は，Cにとっても大変である。

【Case 4】

　Aは，遠隔地に居住するCから商品甲を購入して期日までに代金150万円（税別）を支払うことになっている。その際，支払は，Cに対し小切手にてなされるものとする。

　【Case 4】では，支払は小切手によりなされる（額の大きさからいって，【Case 2】のように交通系電子マネーで支払うわけにはいくまい）。小切手を使用するためには，Aが取引銀行との間であらかじめ所定の契約（当座勘定取引）を締結し，銀行所定の統一用紙を用意している必要がある。そのことを前提として，Aは，税金の分を計算した上で，小切手に所定の金額を記載し，これをCに交付する。小切手の交付を受けたCは，小切手を自身の取引銀行に持ち込み，その取立てを依頼する。その結果，銀行を介して，Cの口座に小切手金相当額が入金され，現金を介さずに支払決済が完了する（小切手については，**第4編第2節**を参照）。

　小切手は，現金の運搬コストを回避しつつ，簡易迅速に支払決済をなすために開発された道具である。これにより，現金のハンドリングコストが解消される。ただ，有価証券である小切手自身が運搬に際し，盗まれたりする危険がある。つまり，小切手という「紙」のハンドリングコストが生じているのである。

【Case 5】

　Aは，遠隔地に居住するCから商品甲を購入して期日までに代金150万円（税別）を支払うことになっている。その際，支払は，銀行振込にてなされるものとする。

　【Case 5】では，マネーの移動は，銀行を介し，Aの口座からCの口座へ現金も紙も介さず，瞬時に行われる（振込については，**第6編第1章第2節**を参照）。

3　代金の支払時期が後となる場合

【Case 6】

　Aは，Dから商品甲を購入したいが，現在手持ちの資金がない。資金繰りがつくのは1か月後である。幸いDが，代金の支払時期を1か月後とすることに同意してくれた。

　【Case 6】の場合，DのAに対する代金債権は，売掛債権となる。支払時期が1か月程度後のこととなるのは，注文書の発行等の事務を考えると通常のことであり，Dも同意してくれるであろう。この場合，具体的な支払は，【Case 5】と同様，銀行振込によってなされるのが通例である。

【Case 7】

　Aは，Dから商品甲を購入したいが，現在手持ちの資金がない。資金繰りがつくのは3か月後である。Aは，代金支払のために，3か月後を満期とする約束手形を振り出し，これをDに交付した。

　【Case 7】においては，【Case 6】よりも支払時期がより後になっている。3か月後ということになると，D自身の資金繰りの問題もあるので，売掛債権のままとしておくことは難しく，Aとしては，約束手形を振り出すことになる（約束手形については，**第3編**を参照）。

【Case 8】

　【Case 7】において約束手形を受け取ったDは，翌日にこれを自身の取引銀行Eに割り引いてもらい，ほぼ代金相当額を回収した。Eは，3か月後の満期まで待って，Aに手形金を請求し，これを回収した。

　【Case 8】で，Dは，約束手形をEに割り引いてもらっている（割引については，**第3編第8章第1節を参照**）。Dとしては，金額が若干目減りするものの，即時に手形を現金化することができ，Eとしては，「目減り」分相当額の利潤を稼ぐことができる。

　そして，何よりもAは，商品を今すぐ手に入れて，かつ，支払を後回しにすることができる。逆にいうと，Aは，3か月後の自らの信用状態を今利用することができるのである。ここにおいて，約束手形の利用は，経済的には，A自身がE銀行からお金を借りて，Dに支払い，3か月後に返済したのと同様な状態が生じているのである。

4　まとめ

　支払決済法とは，これらの支払決済に関する法規制の総体であるといってよい。具体例で述べたのは，銀行振込に関する法規制（直接規制する法律はなく，法律構成を含め大きく争われている），電子マネーに関する法規制（資金決済法），手形・小切手に関する法規制（手形法，小切手法）である。その他に，暗号資産（仮想通貨）に関する法規制（資金決済法が規律）も見逃すわけにはいかない。これらをいかなる視点から統一的に整理するかは，講学上の大きな課題である。これまでは，手形，小切手による支払が企業取引において大きな地位を占めていたため，支払決済法といえば，おのずから手形法，小切手法を指すものと解されてきた。しかし，電子化が進むとともに，手形，小切手の利用が激減し，電子マネー等電磁的方法による支払がなされる場面が増えてきた。ただ，他方で，さまざまな決済手法が，百花繚乱のごとく並立し，混沌の度合いを増しているのが現状といってもよい。

　学習書である本書では，支払決済法の体系的整理といった深いところまでは踏み込まず，もっぱら学習者のわかりやすさという観点から，従来から支払決済法の中核を占めてきた手形・小切手に関する法規制をベースとして，他の規制をそれらと対比しつつ，コンパクトに概説することにしている。

第2編◆有価証券法総論

第1章　有価証券の意義

第1節　さまざまな有価証券の用語の利用

　有価証券という語は，さまざまな法律において，それぞれの法律の目的に応じた意味で用いられている。たとえば，金融商品取引法は，資本市場を規制するという観点から有価証券につき詳細な定義を置くし（金商2条1項），刑法は，偽造の対象という観点から犯罪類型を整理し，その中に有価証券偽造罪という構成要件を規定している（刑162条）。民法は，指名債権の特則の一環として指図証券（民520条の2），記名式所持人払証券（民520条の13），その他の記名証券（民520条の19）および無記名証券（民520条の20）の規制を設け，その上位概念として有価証券の語を用いている（民520条の2参照）。そして，商法は，商取引の対象物として，動産，不動産と並び有価証券を挙げている（商501条1号2号）。

　これらを統一した有価証券概念を構築することは，著しく困難でもあり，かつほとんど意味がない。たとえば，商法においては，手形・小切手は有価証券の典型であるが，金融商品取引法の世界では，手形・小切手は，原則として（金商2条1項15号参照），有価証券ではないものの典型である。必要なのは，それぞれの法規に即応した有価証券概念なのである。

第2節　支払決済法における有価証券概念

1　有価証券における権利と紙の結合

　それでは，商事法，特にその一環である支払決済法における有価証券とは，いかなる意味であろうか。商事法において有価証券は，「価値」がある証券であるからこそ，不動産，動産と並び規制されている（商501条1号2号）。そして，有価証券において

「価値」があるとされているのは，証券に権利が結合しているからである。これを結合，化体，表章という語で表現する。要は，権利が紙に「くっついている」ということである。目にみえない抽象的な権利を紙（証券）に結合させ，可視化することにより，権利の流通性・流動性を高めるとともに，権利行使の確実を期すことが可能となる。このことを具体例で説明しよう。

2　民法の指名債権譲渡1：指名債権譲渡の対抗要件

> 【Case 1】
> 　Aは，Bに対して1,000万円の金銭債権（債権甲）を有している。
> (a)　Aは，債権甲をCへ譲渡した。CがBに対して，債権甲の弁済を求めるためには，どうすればよいか。
> (b)　Aは，債権甲をCへ譲渡した一方で，同時に，債権甲をDにも譲渡してしまっていた。CがDに対して，債権甲についての権利者（債権者）であることを主張するためには，どのようにすればよいのか。

　【Case 1】(a)では，債権譲渡の債務者に対する対抗要件が問題となる。民法467条1項は，債務者への対抗要件として，譲渡人による債務者への通知または債務者の承諾が必要である旨規定する。債務者に通知し，債務者をインフォメーションセンターとすることで，債務者の認識を通じて債権甲に関する公示を図ろうとしているのである。

　したがって，【Case 1】(a)の場合，CがBに対して，債権甲の弁済を求めるためには，AのBに対する通知またはBの承諾が必要とされる。

　他方，【Case 1】(b)では，債権譲渡の第三者に対する対抗要件が問題とされる。ちょうど物権変動における二重譲渡（民177条）と同様な問題と理解してよい。ただ，債権譲渡の第三者対抗要件は，前記の，債務者の認識を通じて公示を図るとする債務者対抗要件をベースとして，その上に乗っかったものであるゆえ，不動産登記のような公示力を期待することはできない。

　この場合につき，民法467条2項は，前記の通知または承諾が確定日付ある証書によってなされる必要がある旨規定する。便宜上通知についてのみ述べると，【Case 1】(b)の場合，AのBに対する通知が確定日付（実務上は，配達証明付の内容証明郵便）を付したものである必要がある。

　上記の指名債権譲渡は，権利の流通という面でも権利行使の確実性という面でも不十分である。とりわけ【Case 1】(b)の場面において，そのことが顕著である。これを次の【Case 2】でみてみよう。

3　民法の指名債権譲渡2：同時到達の場面等

【Case 2】

　Aは，債権甲をCへ譲渡した一方で，同時に，債権甲をDにも譲渡してしまっていた。

　(a)　Aは，Cへの譲渡につき，Bに対し確定日付ある通知をなしていたが，Dへの譲渡についても，Bに対し確定日付ある通知を発しており，後に発した後者が先にBに到達した。

　(b)　Cへの譲渡についての確定日付ある通知と，Dへの譲渡についての確定日付ある通知とが，同時にBのもとに到達した。

　【Case 2】(a)の場合，Cへの譲渡に関する確定日付ある通知が，先に発されていたとしても，先にBのもとに到達した，Dへの譲渡に関する確定日付ある通知が優先し，Dが債権甲の権利者として取り扱われる（最判昭和49年3月7日民集28巻2号174頁）。前記のとおり，債権譲渡の第三者対抗要件は，債務者の認識を通じた公示という債務者対抗要件をベースとして設計されているためである。

　この場合，Bは，Cを権利者として弁済してしまったとしたら，所定の要件のもとで救済される（民478条）。

　【Case 2】(b)のような事態は，Aが倒産し，債権者間で取り付け騒ぎが生じた場合に生じうる。この場合，双方とも債権譲渡の第三者対抗要件を具備し，完全な権利者として取り扱われる（最判昭和55年1月11日民集34巻1号42頁）。この場合，Bとしては，債権者不覚知を理由に供託することで，債務を免れることができる（民494条2項）。

　以上のところから，明らかなとおり，指名債権譲渡のシステムは，権利の流動性という面でも，権利の行使の確実性という意味でも，不安定であることが理解できよう。これは，抽象的で目に見えない権利（債権）を，債務者の認識を通じて公示（＝可視化）するという特質からくる制約といってよい。

4　有価証券の譲渡と権利行使

【Case 3】

　AはBに対して，1,000万円の金銭債権（債権乙）を有しており，この債権乙は，有価証券の上に結合している。この場合において，(a)権利の移転，(b)権利の行使はどのようになされるのか。

【Case 3】において，債権乙は，債権甲と異なり，有価証券の上に表章されている。Aは，権利（債権乙）をCに譲渡する場合（(a)の場面），最低限の要請として，Cに対し，債権乙が結合している当該有価証券自体を交付することが必要である（民520条の2，手14条1項参照）。権利が紙という物理的デバイスに結合され可視化されており，かつ紙は1枚しかないので，Dが登場するといった二重譲渡は生じないのである。

　次に，AがBに対し，債権乙の弁済を請求する場合（(b)の場面），Bは，当該有価証券と引換えに弁済することにすれば，後日別の権利者から請求され，二重弁済を強いられるといったリスクが生じない。

　このように，有価証券化することで，権利の流通の面でも権利の行使の面でも，確実を期すことができるのである。これが有価証券というもののメリットである。

5　有価証券の定義

　これまで学説上，有価証券の定義について争われてきた。大きくは，権利の移転「又は」行使に証券の提示が必要なものと定義する見解と，権利の移転「及び」行使に証券の提示が必要なものと定義する見解とが主張され，対立してきた。このような対立は，社員権を表章する有価証券である株券につき，有価証券であることを説明しようとするために生じたものである。すなわち，株式についての権利行使が株主名簿に基づきなされるため（会124条参照），「又は」として，権利の行使に証券の呈示が不要であると解する見解が主張されてきたのである。

　ただ，会社法上，株券の発行が任意とされ（会214条），上場会社について電子的な株式振替制度が完備された現在，このような議論は，事実上，過去のものになったといってよい。

第3節　有価証券と似た概念

　関連して，有価証券と似た概念についても説明しておく。

1　金　券

　郵便切手，収入印紙，紙幣等，証券自体が一定の価値を持つものを金券という。金券においては，証券＝価値であり，有価証券のように証券と権利とを別に観念したり，両者を分離したりすることはできない。乗車券については，無記名有価証券とするのが通説だが，金券と解する見解もある。

2　証拠証券

　契約書，借用証書，領収書等，証拠としての役割を果たすものをいう。民事訴訟法上は，処分証書として，立証上重要な役割を有するが，権利の結合した有価証券と対比した場合，証拠証券はあくまでも証拠にすぎない。

3　免責証券

　2に加え，下足札，ホテルのクロークの預り証等，証券所持人に弁済すれば，債務者が免責される証券のことをいう。

第4節　権利の電子化

　第2節で述べたとおり，有価証券は，抽象的で見えない権利を証券に結合することで可視化し，取り扱いやすくするシステムで，このことにより，権利の流通を促進するとともに，権利行使の確実を期そうとするものである。

　しかし，社会のIT化が進むにつれ，このような有価証券の機能は，必ずしも十分な満足を与えないものとなってきている。現在においては，株券のみならず，金銭債権も電子化されるようになってきている。たとえば，銀行を介し電子的な振込を利用すれば，権利は瞬時に移転することができる。権利の行使の面についても，各種の銀行の口座振替サービスを想起すれば，その便利さは一目瞭然であろう。

　これに対し，有価証券は，「紙」を前提とするので，権利の移転や権利の行使に際し，「紙」の授受（交付）を必要とせざるを得ず，即時移転，即時決済というわけにはいかない。また，「紙」は「物」であるゆえに，移転・保管に際し，物理的な盗難リスクが存する。

　つまり，IT社会が，「紙」というデバイスを前提とせざるを得ない有価証券システムを追い抜きつつあるのが現状なのである。かような中，本書では，過渡期の教育書という観点から，それらの価値観には立ち入らず，従来のシステムについて一通りの説明をするとともに，新たなシステムについても，必要事項を紹介するというニュートラルな立場で書かれている。

第2章　手形・小切手の法的構造と経済的意義

第1節　完全有価証券である手形・小切手

　手形・小切手は，商法学上，「完全有価証券」であるといわれる。完全有価証券とは，権利の発生・移転・行使のすべてが証券によってなされることが必要な証券のことである。まさにその典型が，手形・小切手である。手形・小切手に所定の記載をすることにより，権利が発生し，それが証券に結合する（設券性）。権利内容は，手形・小切手という書面に記載したとおりの内容とされる（文言性，書面性）。

　これに対し，たとえば，株券は，すでに発生済みの社員権を券面（株券）上に表章したものであり，設券性を有しないため，不完全有価証券である。

第2節　手形・小切手の経済的意義と法的構造

1　手形・小切手の経済的意義

　手形には，約束手形と為替手形とがある。このため手形・小切手と一口にいっても，具体的には，約束手形，為替手形，小切手の3つがある。これらは，それぞれ異なった経済的機能を有している。具体例でみてみよう（為替手形，小切手については，**第4編**を参照）。

⑴　約束手形

【Case 1】
　Aは，Bから直ちに商品（代金1,000万円）を買い入れたいが，支払は，3か月後にしたいと考えている。

　この場合，Aが，C銀行から1,000万円を借り入れ（民587条），Bから商品を購入し，3か月後に1,000万円＋利息をC銀行に支払うという方策もある。しかし，Aとしては，Bから直ちに商品を購入し，支払のために3か月後を満期とする1,000万円の約束手形を振り出すという方策もある。Bは，3か月待ってから1,000万円を請求してもよいし，受け取った約束手形を直ちに，C銀行に持ち込み，たとえば，990万円で割り引いてもらい，「ほぼ」代金を即時回収することもできる（割引については，**第3編第8章第1節**を参照）。約束手形を受け取ったCは，3か月待って1,000万円をAから取り立て，差額（10万円）を利得することができる。そして，この場合も，Aは，支払を3か月先としつつ，商品を「今」手に入れることができる。

　つまり，前者の方策（売買＋消費貸借）と後者（約束手形の振出）は，Aが3か月後の自己の信用を今利用することができるという意味で経済的に等価であり，手形の振出は，信用機能を有している。約束手形が信用証券といわれるゆえんである（このような機能は，為替手形・小切手も有しているが，約束手形において著しい）。

(2)　為替手形

> 【Case 2】
> 　Aは，遠隔地にいるBに対し，金1,000万円を送金したいと考えている。

　現金1,000万円を遠隔地に送ることは難儀である。それに代えて，Aは，自己の取引銀行であるC銀行に依頼し，C銀行に1,000万円を支払った上で，同額の為替手形を発行してもらう。その際の支払人は，C銀行の現地の支店である。これを受け取ったA（受取人）は，遠隔地にいる為替手形をBに郵送する。そして，Bは，為替手形を自己の取引銀行であるD銀行に持ち込み，取立てを依頼する。後は，C銀行D銀行間で，資金が決済され，無事にBは金1,000万円を入手することができる。このように，為替手形は，送金の手段として利用されてきた（この他に，取立ての手段として為替手形が利用されることもあるが（荷為替），これについては，**第4編**を参照）。

(3)　小切手

> 【Case 3】
> 　Aは，遠隔地にいるBに対し，金1,000万円を持参して弁済したいと考えている。

　現金1,000万円を運搬することもこれまた難儀である。盗難リスクがあるため，相

当の保管コスト・運搬コストがかかる。そこで，Ａは，自己の取引銀行であるＣ銀行を支払人とする1,000万円の小切手を発行し，これを持参してＢのもとに赴き，弁済する。受け取ったＢが，銀行を介して，小切手を現金化するところは為替手形と同様である。運搬の間だけ現金代替物として機能することを予定しているので，小切手は数日で決済される。

　このように利用の仕方は，為替手形の送金の場合と類似している。ただ，小切手においては，静的安全を確保しつつ，現金の代替物として制度が仕組まれている。本来は，権利の流通・権利の行使の便宜という動的安全のために発展してきた有価証券を，ここでは，静的安全（運搬コスト・保管コストの削減）に用いようとしているのである。

2　手形・小切手の法的構造

　前記の経済的意義を実現するための法的構造としては，次のとおりの仕組みとなっている。

(1)　約束手形

　約束手形は，支払約束証券である（手75条2号）。【Case 1】におけるＡは，約束手形を振り出すことにより，商品の売買契約（民555条）とは別個の1,000万円の手形債務を負担する。手形債務は，Ａが手形券面上に記載し，「約束」したことにより（設権性），券面通りに（文言性・書面性）発生する。発生した手形債権は，手形券面上に表章され，手形とともに流通する。

　上記のところから明らかなとおり，Ａが手形を振り出すことにより，売買契約に基づく債務と別に1,000万円の手形債務を負担することになる。前者を原因関係，後者を手形関係という。形式上は，Ａが合計2,000万円の債務を負うことになりそうであるが，もちろんそうはならない。ただ，「そうはならない」ようにするためには理論的な工夫が必要である。この点については，原因関係と手形関係についての説明を参照されたい（**第3編第1章**参照）。

(2)　為替手形

　為替手形は，支払委託証券である。【Case 2】における振出人Ａは，支払をＣ銀行に対して委託しているにすぎない（手1条2号）。Ｃは，引受（手21条）をしない限り，債務を負担しない。ただ，【Case 2】では，あらかじめＡが1,000万円を支払っているので，この点はあまり問題とならない。詳細は，**第4編**で解説されるが，ここでは，為替手形の法律関係が約束手形より複雑な三面関係（振出人（手1条8号），受

取人（手1条6号），支払人（手1条2号））とされている点を押さえておこう。

(3)　小切手

小切手も，為替手形と同様支払委託証券である（小1条2号）。三面関係（振出人（小1条6号，受取人（小5条），支払人（小1条2号））であるのも同様である。ただ，現金代替物であり，数日で決済される小切手においては，為替手形とは異なった特徴がある。短期で決済されるため，受取人の氏名は，小切手の必要的記載事項とはされていない（小5条）。

また，現金代替物であるようにするために，支払人を銀行に限定する一方で（小3条），現金と同視されることを防ぐため，絶対的債務者を生じさせる法律行為である引受を禁じている（小4条）。

(4)　小　括

IT化と決済法制の多様化が進んだ現在，為替手形を利用した送金，小切手による支払は，銀行を解した送金システム（銀行振込）に完全に取って代わられるに至った（**第6編第1章**を参照）。為替手形の利用は，わずかに荷為替の利用においてみられるにすぎない（**第4編**を参照）。

そして，約束手形に対する前記のニーズは，電子記録債権法をベースとした「でんさい」システム（**第5編**を参照）等に取って代わられつつある。ただ，「でんさい」システムが根拠とする電子記録債権法は，電子債権記録機関（電子債権7条参照）という中央情報処理機関を必須とするシステムである。これに対し，手形法，小切手法が前提とする決済システムは，中央情報処理機関を必要としないどころか，制度としてみる限り，銀行をも前提としないで成り立つように仕組まれている。この「ローテク」ゆえの安定感にどこまで価値を置くべきかが，今後問われていくように思われる（なお，ブロックチェーンを前提とする暗号資産のシステムは，電子記録債権と異なり，中央情報処理機関を必要としない。本書では，暗号資産については，末尾（**第6編第2章第3節**）で簡単に触れるにとどめる）。

第3節　手形法・小切手法の法源

約束手形，為替手形については，手形法，小切手については小切手法という単行法が，それぞれ規定している。もともとは商法典中に手形・小切手に関する規定が置かれていたが，わが国がジュネーブ条約（「為替手形及約束手形ニ関シ統一法ヲ制定スル条約（昭和5（1930）年）」「小切手ニ関シ統一法ヲ制定スル条約（昭和6（1931）

年）」）を批准するに伴い，商法典から手形・小切手に関する規定を削除し，代わりに手形法，小切手法という単行法を制定するに至った。ジュネーブ条約は，手形・小切手の統一を企図するもので，ドイツ，フランス等主だった大陸法系諸国が批准している（イギリス，アメリカは批准していない）。

　これに伴い，わが国の手形法と，ドイツ，フランスの手形法は，ほぼ同一の条文となっている。そして，手形法・小切手法の規定は，条約を法文化したがゆえの読みにくい規定を存置している。たとえば，手形法1条，75条の「証券ノ作成ニ用フル語」は「日本語」のことである。また手形法6条は，手形金額が文字と数字で書かれた場合，ともに数字で書かれた場合における記載の際を決する規定であるが，わが国には漢数字という，文字と数字の中間のものがあり，その位置づけが問題とされざるを得ない（最判昭和61年7月10日民集40巻5号925頁〔百選38事件〕参照）。

第3編◆約束手形

第1章　約束手形の基本的仕組み

第1節　約束手形

　約束手形とは，手形を発行した者（振出人）が，自ら一定の金額（手形金額）の支払を，受取人その他の手形の正当所持人に対して約束する有価証券である（支払約束証券）。

【Case 1】
　Aは，Bから商品を購入しようと考えたものの，手元に現金がなかった。Aの資金繰りに目途がつくのは3か月後である。

　【Case 1】のような場合，本来Aには手持ち資金がないため，Bとの間で売買契約を締結することはできない。しかし，AがBに3か月後を満期とする約束手形を振り出すことにより，手元に現金がなくとも，売買契約を締結することができる。一方Bは，3か月後の満期にAから手形金を回収することができる。

　手形法では，特定の用紙の使用を要求しているわけではなく，私製の用紙（便箋など）を利用することも可能である。しかし，昭和40（1965）年から全国銀行協会によって統一手形用紙制度が制定され，現在わが国においては，全国銀行協会の統一手形用紙制度により手形取引がなされている。統一手形用紙を入手するためには，自己の取引銀行に手形決済用の当座預金口座を開設する必要があり，また，同口座開設に際しては取引銀行による審査がなされるため，信用力に乏しい者は排除されることになる（次頁の統一手形用紙・ひな型参照）。

　なお，統一手形用紙には，振出人の取引銀行の店舗が支払場所として印字されており，手形所持人は，自らの取引先銀行を経由して，その銀行が手形交換所（手83条）において支払呈示（手77条1項3号・38条2項）をすることとなる。つまり，実際に

【約束手形見本：オモテ面（上），為替手形見本：オモテ面（中），小切手見本：オモテ面（下）】

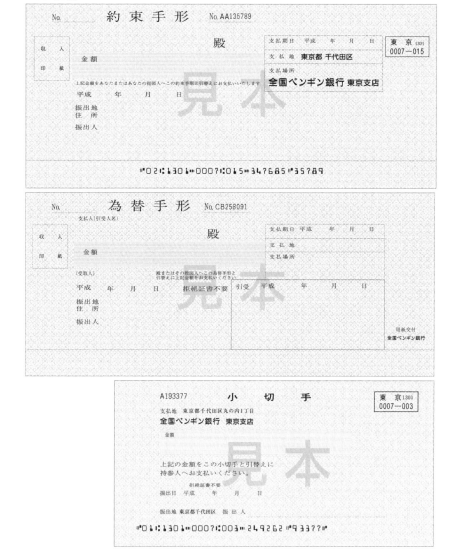

（出所）　一般社団法人全国銀行協会「動物たちと学ぶ　手形・小切手のはなし」33頁，34頁

は振出人が手形所持人に対して手形金を直接現金で支払うわけではなく，銀行間の交換決済によって行われることとなる。

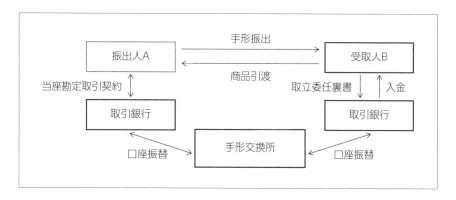

　手形交換所規則によれば，振出人が，資金不足または取引なしの事由で，6か月以内に2回支払拒絶（不渡り）をしたときは，その振出人は銀行取引停止処分（不渡処分）を受け，手形交換所に加盟するすべての銀行と2年間，当座勘定取引および貸出取引ができなくなる（不渡制度につき，**第7章第1節**参照）。かかる処分を受けた企業は，銀行を介した資金調達ができなくなるため，支払停止（最判昭和60年2月14日集民144号109頁）となり，事実上の倒産状態となる。

第2節　手形行為とその性質

【Case 2】
　Aは，Bとの間で代金1,000万円の売買契約を締結した。同契約に基づきAは代金支払のため，手形金額1,000万円の約束手形に署名をした上でBに振り出した。

1　約束手形の設権性

　手形行為をすることによってはじめて，原因となる法律関係（原因関係）とは別個独立した新たな権利が発生する。原因関係が切断されるため【Case 2】のような場合，AB間では売買契約が締結されているが，同契約と約束手形の振出は別個の法律関係となる。

2　約束手形の要式性

　約束手形の必要的記載事項（手形要件）は法定されている（手75条。約束手形の記載事項については次章参照）。そのため，かかる記載のない約束手形は無効となる（手76条1項本文）。【Case 2】では，満期の表示や振出人の署名が手形要件に該当す

る。

　手形は多数の者の間で流通する性質を有しているため，また，手形上の権利が手形
行為自体によって創造されるものであるため，手形の内容や権利の性質を定めるため
に必要と認められる事項を明確にしておく必要があることから，手形行為は厳格な要
式が求められる書面行為とされている。

3　約束手形の文言性

　手形行為は，すべて手形という証券によってなされるため，手形上の権利義務関係
は，もっぱら手形上の記載内容に基づくこととなる。つまり，手形の原因関係とは関
係なく，手形行為者は手形に記載した文言通りの責任を負う。【Case 2】では，1,000
万円の売買契約が締結されているが，その内容とは関係なく，あくまで手形券面上に
記載された手形金額の支払義務が振出人に課されることとなる。

4　約束手形の無因性

　手形関係は原因関係がたとえ無効であったとしても，それによって手形関係が無効
とされることはない。つまり，原因関係の有効・無効とは関係なく，手形関係におけ
る債権債務が存在することを意味する。【Case 2】において，仮に売買契約に無効原
因が存在し，無効となったとしても，それによって振り出された1,000万円の約束手
形が無効となるわけではない。手形行為は無因行為であるが，手形行為を無因行為と
構成する理由は，手形法17条の人的抗弁切断の効果を説明するためである。

5　約束手形の独立性

　各種手形行為（振出・裏書・保証）は1通の手形によってなされるが，手形の流通
性を確保するため，各手形行為はそれぞれ別個独立した手形行為とされ，その効力に
ついても手形行為ごとに別個独立して判断される（手77条2項・7条）。ある手形行
為に瑕疵があって効力を生じない場合であっても他の手形行為はその影響を受けずに
効力を生ずるため，手形取得者が保護される。なお，手形上の債務を保証するための
手形保証において，保証人は被保証人と同一の責任を負う（手32条1項）ため，債務
の方式の欠缺によって無効な時は保証も無効となるが，手形の独立性から，それが実
質的理由から無効であっても保証は有効となる（同条2項）。【Case 2】において，
Bがさらに第三者Cに裏書譲渡したが，振出に無効原因が存在していたとしても，
BC間でなされた手形行為（裏書）は前者たる手形行為（振出）の実質的無効によって
左右されない（手形行為独立の原則。**第7章第3節**参照）。そのため，Cが振出の
実質的無効を知っていた場合のように，手形取得者が前提行為の無効について悪意で

あったとしても，手形行為独立の原則が適用されることになる（最判昭和33年3月20日民集12巻4号583頁〔百選46事件〕）。

第3節　原因関係と手形関係

　前述したとおり，原因関係の有効・無効は，手形関係の有効・無効に影響を与えない（無因性）。すなわち，手形の授受があったとしても，原因関係上の権利は消滅せず，手形上の権利と原因関係上の権利が併存する。

　一方，手形が原因関係上の法律関係の支払手段として利用された場合，手形が原因関係上の法律関係に対してどのような影響を及ぼすのかについては問題となる。つまり，手形を振り出すことで原因関係は消滅するのか，消滅しないとすれば，原因関係上の権利と手形上の権利のどちらが優先されるのかといった問題である。

1　「支払に代えて」約束手形が授受された場合

　約束手形が，原因関係上の既存債務の「支払に代えて」授受された場合は，原因債務の履行に代えて有価証券として完成した手形を交付する契約，すなわち手形による代物弁済（民482条）であるため，手形の授受によって原因関係上の法律関係は消滅する（大判大正8年4月1日民録25輯599頁）。

　ただ，代物弁済によって原因関係上の法律関係が消滅するという重大な効果を生じさせるため，手形の授受が既存債務の「支払に代えて」なされた趣旨であると解するためには，その旨の明確な意思表示がなされた場合に限られる。原因関係上の法律関係が消滅するため，のちに手形が不渡りになったとしても，原因債務が復活することはない。

　このように，手形の授受が「支払に代えて」なされたとする明白な合意が当事者間で存在する場合でない限り，手形の授受は後述する「支払のために」なされたものと推定されることとなる。

2　「支払のために」約束手形が授受された場合

　約束手形の交付が「支払のために」なされた場合には，原因関係上の法律関係と手形上の法律関係が併存することとなる。そこで，前述したとおり，原因関係上の権利と手形上の権利のどちらを優先すべきかが問題となる。

　通説・判例では，約束手形が「支払のために」交付されたときは，手形所持人は手形債権を先に行使しなければならない（大判大正5年5月24日民録22輯1019頁，大判大正6年5月25日民録23輯839頁）。また，手形の授受があっても必ずしもその支払が

あるとは限らず、また、原因関係上の権利が消滅すると債権者は既存債権に付された担保権を失うという不利益を被る可能性もある。そこで、当事者間で既存債務を消滅させる明白な合意がある場合でない限り、「支払のために」手形が授受されたものと推定される（大判大正7年10月29日民録24輯2079頁）。

　通常、約束手形の振出に際しては、特定の取引銀行を指定場所として指定・印字されている統一手形用紙が用いられているため、振出人はかかる取引銀行において手形が決済されることを期待していると考えられるため、そのような場合も債権者はまず手形債権を先に行使すべきことになる。同じ状況下で債権者が手形債権と原因債権のどちらからでも行使可能としてしまうと、債務者は銀行口座と手元の両方に支払のための資金を用意しなければならず、合理的ではない。

　手形債務について履行がなされれば当然原因債務も消滅することとなる。受取人が手形を所持したまま、手形上の権利が時効（手形所持人の裏書人および振出人に対する時効：拒絶証書作成日あるいは満期日から1年、裏書人の他の裏書人および振出人に対する時効：手形の受戻がなされたあるいは訴えられた日から6か月）によって先に消滅したときは、原因関係上の時効（民166条・167条等参照）が完成していなければ原因債権を行使することができる。

3　「担保のために」約束手形が授受された場合

　約束手形の交付が「担保のため」、すなわち原因関係上の債務の支払を担保するため、あるいは、支払を確保するためになされた場合には、手形債権者は原因関係上の債権と、手形上の債権をともに有し、どちらの債権を先に行使するのか選択することができる。

　しかし、通常の手形は支払場所を銀行に指定した手形であることから当事者は銀行に支払資金を用意し手形による取立を期待していると解される。したがって、通常の手形は「支払のために」交付されたものと解され、「担保のため」と解される状況は、たとえば既存債務の債務者が債権者を受取人として約束手形を振り出した場合や、手形貸付において支払呈示期間が経過した場合である。

　原因関係上の債権の弁済期が到来すれば、手形の支払呈示がなくとも、債務者は履行遅滞に陥り、債権者は原因関係上の契約を解除することができる。ただし、債務者が交付した手形が裏書禁止手形以外の手形である場合には、債務者は債権者の原因関係上の債権の行使に対して、手形の返還を同時履行の抗弁として提出することができる。つまり、そのような場合、既存債務について履行遅滞に陥ることはない（最判昭和33年6月3日民集12巻9号1287頁〔百選87事件〕）。また、主たる債務者の連帯保証人がその保証債務の履行を請求された場合にも、この同時履行の抗弁権を行使するこ

とができ，保証人は，手形の返還との引換給付の抗弁を提出することができる（最判昭和40年9月21日民集19巻6号1542頁）。

　なお，当事者の意思が不明で，債務者自身が手形上の唯一の義務者であって他に手形上の義務者がいない場合には，当該手形は「担保のため」に振り出されたものとして，債権者は原因債権と手形債権のどちらを選択行使しても差し支えないとする（最判昭和23年10月14日民集2巻11号376頁〔百選86事件〕）。

　【Case 2】のように，手形上の権利と原因関係上の権利がBに併存する場合，いずれの権利をAに対して先に行使すべきかみてみる。約束手形の振出人Aと受取人Bとの間では，手形上の義務者たる振出人と原因関係上の義務者が同じであることから，Aはいずれの権利をBによって先に行使されても支障はない。そのため，Bはいずれの権利をAに対して先に行使しても問題はない。

　いずれにしてもこの問題については，交付された手形が，①原因関係上の債務者以外の者によって第一次的に支払われる手形である場合と，②交付された手形が，原因関係上の債務者と手形上の債務者が同一人である場合，に分けて検討される。①の場合には，原因関係上の債務者以外の者が，第一次的に支払うことが予定されているため，「支払のために」交付されたものと解し，また，②の場合には，債務者は，いずれの権利を行使されても，別段不利益をこうむることはないから，「担保のために」交付されたと解される。

　もっとも，実際上振出人（たとえば中小零細企業など）にとっては，二重弁済リスクさえなければ手形債権を弁済することと原因債権を弁済することの間に大きな違いはないため，そこまで厳格に手形債権と原因債権の関係が区別されているわけではない。

第2章　約束手形の記載事項

第1節　必要的記載事項

　約束手形の記載事項は，大きくは，必要的記載事項，有益的記載事項，無益的記載事項，有害的記載事項に大別される。順次みていこう（なお，以下に述べたことは，基本的には，為替手形，小切手にも当てはまる）。まず，必要的記載事項は，そのいずれを欠いても約束手形としての効力を生じないこととなる事項であり，手形要件ともいわれる。

　約束手形の必要的記載事項は，手形法75条各号に法定されており，下記のとおりである（為替手形の場合，この他に支払人の名称（手1条3号）も必要的記載事項とされる。小切手の場合，一覧払であること（小28条）かつ持参人払式を許容していること（小5条）から，満期および受取人の記載が手形要件とされていない（小1条参照））。

1　手形文句

　「其ノ証券ノ作成ニ用ウル語」（手75条1号）とは，日本語のことである。結局，約束手形という証券の中に，「約束手形」であることを示す文字（すなわち，約束手形という語）が記載されていなければならないということである。まどろっこしい書き方であるが，これは，手形法がジュネーブ条約をもとにしていることに基づく。

　解釈論としては，見出しに「約束手形」とあればそれで足りるという考え方と，それに加え本文中にも「約束手形」という語が含まれていなければならないという考え方があるが，わが国の統一手形用紙においては，見出しと本文の双方に「約束手形」という語が使われているので，議論の実益はない。

2　一定ノ金額ヲ支払ウベキ旨ノ単純ナル約束

　単純なる約束とは，「無条件」という意味である（手75条2号）。条件を付した場合（たとえば，商品と引き換えに支払う等），有害的記載事項となり，手形自体が無効と

なる。

「単純」性を，手形行為の無因性の根拠条文であると理解する見解も存在する。

3　満期ノ表示

　満期（手75条3号）は，統一手形用紙では，「支払期日」と記載されている。手形法上，約束手形の満期は，下記の4つが認められている（手77条1項2号・33条1項）。これ以外の満期は認められず，記載した場合，手形は無効となる（有害的記載事項：手77条1項2号・33条2項）。一覧払である小切手においては，満期の記載は手形要件とはされていない（小28条）。

(1)　一覧払（手33条1項1号）

　所持人が一覧呈示する日を満期とするものである。

(2)　一覧後定期払（同項2号）

　「一覧後〇日」というように，一覧呈示された後に一定期間（〇日）経過後に満期になるものである。

(3)　日附後定期払（同項3号）

　振出日後（手75条6号），一定期間（〇日）経過後を満期とするものである。実質的には，確定日払と異ならない。

(4)　確定日払（同項4号）

　令和〇年〇月〇日という確定した日をもって満期とするものである。わが国における約束手形のほとんどは，この確定日払である。

　なお，手形要件相互に矛盾があってはならないという観点から，満期日は，振出日以降でなければならない。最判平成9年2月27日民集51巻2号686頁〔百選20事件〕によると，満期の日として振出日より前の日が記載されている確定日払の約束手形は，無効であると解している。

4　支払ヲ為スベキ地ノ表示（支払地）

　支払地（手75条4号）とは，手形金額の支払がなされるべき地のことであり，独立最小行政区画（東京都の場合には，特別区）を意味すると解されている。手形は輾転流通するゆえ，手形所持人に支払をすべき者の所在を探知する手掛かりを与えるために，支払地が，手形要件とされている。

5　受取人・指図人

　受取人・指図人の名称も手形要件とされている（手75条5号）。小切手の場合と異なり（小5条），約束手形では，持参人払式が認められておらず，最初の権利者が誰かをはっきりさせるべく，受取人も手形要件とされている。

6　振出日・振出地

　振出日（手75条6号）は，日附後定期日払手形では，満期を定めるために，一覧払手形，一覧後定期払手形では，呈示期間を定めるため（手77条1項2号・34条1項（一覧払手形の場合），手78条2項・35条1項（一覧後定期払手形の場合）），それぞれ振出日の記載は必要不可欠である。他方，確定日払手形の場合，振出日の記載は，手形債務の内容を定めるために，何の役割も果たしていない。

　振出地（手75条6号）は，支払地と同様，独立最小区画であると解されている。振出地は，準拠法決定の際に必要とされる（手90条2項・91条1項）。

7　振出人の署名

　署名（手75条7号）については，第2節にて述べる。

8　手形要件に関する救済規定

　手形要件を欠くと約束手形は無効となる（手76条1項）。そこで，手形法は，手形要件を欠くことにより手形が無効（単なる紙切れ）となることを防ぐ観点から，いくつかの救済規定を置く。

⑴　満期の記載がない手形

　満期の記載がない手形は，一覧払のものとみなされる（手76条2項）。ただ，当事者の合理的意思の解釈として，通常は，救済規定の適用を待つまでもなく，満期白地の白地手形と解されることとなろう。白地手形については，第8章第3節を参照。

⑵　振出地の記載がない手形

　振出地は，特別の表示がない限り，支払地にしてかつ振出人の住所地であるものとみなされる（手76条3項）。また，振出地の記載がない約束手形は，振出人の名称に附記した地において振出したものとみなされる（手76条4項）。

(3)　手形金額の重複記載

　手形金額について重複記載があり，それらが相互に矛盾している場合，文字と数字との重複の場合には，文字が優先し（手77条2項・6条1項），文字どうし・数字どうしの間で矛盾がある場合には，少額のほうの手形金額とされる（手77条2項・6条2項）。前者は，文字にプライオリティを与えた立法者の政策判断に基づくものであり，後者は，金額を少なく変造することは考え難いという経験則に基づくものである。

　ただ，日本語の場合，英語の場合等と異なり（英語において，oneは文字，1は数字），漢数字（一二三…）というものがあり，文字（金壱百五拾萬圓也）としても，数字（金一五〇〇〇〇也）としても利用できる。最判昭和61年7月10日民集40巻5号925頁〔百選38事件〕は，金額を「壱百円」および「￥1,000,000―」と記載した約束手形の手形金額につき，手形法77条2項および6条1項を適用し，100円が手形金額としてはほとんどあり得ない低額であり，右手形に100円の収入印紙が貼付されているとしても，100円と解するのが相当であると判示した。

第2節　署　名

1　署名の意義

　署名は，いわゆるサイン，自署である。ただ，手形法は，日本の「ハンコ文化」を考慮し，記名捺印も署名の中に含まれる旨規定している（手82条）。私法における私的自治，自己責任の原則は，書面行為たる手形行為の世界においては，「署名なければ責任なし」の原則として現れる。

　署名が要求されている理由として，①手形行為者の同一性を識別するためという理由（署名の客観的意義），②手形行為者に責任負担を自覚させるためという理由（署名の主観的意義）の2つがあると指摘されている。いずれを強調するかによって，後述の議論についての立ち位置が異なってくる。

2　記名捺印に関する議論

　記名捺印とは，行為者の氏名が印刷されている横に，行為者のハンコが押されているものをいう。捺印に用いる印章は，実印に限らず，認印でもよい。それどころか，名義人の姓名と異なる場合（たとえば，代印）でも構わないと解されている。ただし，銀行取引において，かかる約束手形に対し，実際に銀行が支払をなすか否かは別問題である。

　捺印に代えて，記名拇印でもよいかについては，議論がある。手形法82条の「捺

印」の解釈問題であり，文理解釈により否定する見解（大判昭和7年11月19日民集11巻20号2120頁）と，認めても差し支えないという見解とが対立している。

3　署名に関する議論

他方，署名に関する論点として，下記のようなものがある。

(1)　署名の代行

記名捺印の代行が認められることについては異論がない。他方，署名（自署）の代行が認められるかについては，争いがあり，裁判例も，肯定するものと否定するものとが存在する。前者は，記名捺印の代行が認められることとの均衡を，後者は，自署の代行は自署を要求した理由を否定するに等しいことを，それぞれ理由とする。

(2)　法人の署名形式

最判昭和41年9月13日民集20巻7号1359頁〔百選2事件〕は，「代理の場合と異なり，機関の法律行為を離れて別に法人の法律行為があるわけでなく，法人が裏書人である場合における法人の署名とはその機関の地位にある自然人の署名をいうものと解される」と判示し，法人の代表機関が法人のためにすることを明らかにして自己の署名をすることを要するものと解している。たとえば，A株式会社が手形行為をする場合，A株式会社は，必ず「A株式会社　代表取締役B」と署名しなければならず，単に「A株式会社」と記載しただけでは，法人の署名とは認められないということになる。

これに対し，有力説は，単なる「A株式会社」という記載でも，Aの署名として認められるべきであると考えている。有力説は，かかる署名を無効とすることにより，かえってAの責任逃れを許容することとなり不当であると主張している。

(3)　別名使用

Aが他人であるBの名義で手形行為をした場合（Bと署名した場合），かかる記載は，Bの授権がない限り，偽造と評価されるのが通例である。偽造とは，無権限で他人の名義を偽り，代理方式で手形行為をすることをいう（偽造については，第3編第3章第5節参照）。これに対し，Aが，自己の手形行為を，あえて他人であるBの名で行った場合（Bと署名した場合）を「別名使用」という。「別名使用」に関しては，そもそもかかる形態の署名が認められるかが議論されなければならない。オーソドックスな見解は，別名に「周知性」がある場合（Aが，Bの名で行為をしていることにつき，一般に周知されている場合）に，かかる別名使用が認められると説くが（署名の客観的意義の重視），自身が責任負担を自覚しているのであれば（署名の主観的意

義の重視），一回限りの使用でも，広く別名使用を認めてよいと説く見解もある。後者の見解では，別名使用と偽造との境界が極めて希薄となる（特に，偽造において，偽造者行為説を取る場合，そのことが著しい）。

第3節　有益的記載事項

手形に書かなくてもよいが，手形に記載することによって，その記載に法的効力が認められるものを有益的記載事項という。主な有益的記載事項を次の表にまとめてみた。

【主な有益的記載事項の一覧】

	約束手形の場合	為替手形の場合
有益的記載事項	支払場所の記載（手4条・77条2項）	
	一覧払または一覧後定期払の手形における利息を生ずべき約定の記載（手5条2項・77条2項）	
		振出人の引受無担保文言（手9条2項）
	振出人による指図禁止文言（指図禁止手形：手11条2項・77条1項1号）	
	裏書人による無担保文言（無担保裏書：手15条1項・77条1項1号）	
	裏書人による裏書禁止文言（裏書禁止裏書（禁転裏書）：手15条2項・77条1項1号）	
	取立文言（取立委任裏書：手18条1項・77条1項1号）	
	質入文言（質入裏書：手19条1項・77条1項1号）	
		引受呈示文言（振出人の場合：手22条1項，裏書人の場合：手22条4項）
		振出人による引受呈示禁止文言（手22条2項）
		振出人による一定の期日前には引受呈示を必要とする旨の文言（手22条3項）
		一覧後定期払手形における引受呈示期間の短縮・伸長（振出人の場合：手23条2項），短縮（裏書人の場合：手23条3項）
		支払人による手形金額の一部に制限する旨の文言（手26条1項）
	拒絶証書不要文言（無費用償還文句：手46条1項・77条1項4号）	

第4節　無益的記載事項

　無益的記載事項とは，書いたからといって，手形の効力に影響を与えない事項である。手形法上，すでに記載どおりの効力が認められるゆえ，記載に意味がない場合と，手形法があえてそのような記載の効力を否定する場合とがある。主な無益的記載事項を次の表にまとめてみた。

【主な無益的記載事項の一覧】

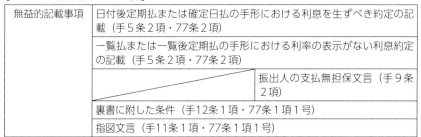

無益的記載事項	日付後定期払または確定日払の手形における利息を生ずべき約定の記載（手5条2項・77条2項）	
	一覧払または一覧後定期払の手形における利率の表示がない利息約定の記載（手5条2項・77条2項）	
		振出人の支払無担保文言（手9条2項）
	裏書に附した条件（手12条1項・77条1項1号）	
	指図文言（手11条1項・77条1項1号）	

第5節　有害的記載事項

　有害的記載事項とは，記載することにより，手形自体の効力を否定してしまう事項である。
　支払の単純性に反する記載（たとえば，商品と引換えに支払う旨の記載，分割払いの記載（手77条1項2号・33条2項）等），一部の裏書（手77条1項1号・12条2項）等が，有害的記載事項と解されている。

第3章　約束手形の振出

第1節　約束手形の振出と交付

1　手形行為としての振出

(1)　手形行為

　手形という有価証券の上に行われる法律行為を手形行為という。同様に，小切手という有価証券の上に行われる法律行為を小切手行為という。手形行為・小切手行為には，【表1】記載のとおりのものがある（ただ，参加引受は，実務上用いられていない）。このうち，振出は，他の手形行為（小切手）行為の前提となるところから，「基本的手形（小切手）行為」とよばれる。

【表1　手形行為の種類】

	約束手形	為替手形	小切手
振　出	○	○	○
引　受		○	
裏　書	○	○	○
保　証	○	○	○
参加引受		○	
支払保証			○

　手形行為・小切手行為をどのように統一的に定義すべきかについては，学説上議論がある。しかし，振込制度の普及等で，手形・小切手の利用が減少し，約束手形の利用がほとんどとなっている現在，あまり実益がある議論ではない。さしあたり，書面による法律行為であると押さえておけば足りる。重要なのは，個々の行為の特質をきちんと押さえることである。

(2)　約束手形の振出

　約束手形の振出とは，振出人が，約束手形を作成し，手形債務を負担する意思表示である。約束手形を振り出すことにより，振出人は，当該約束手形に対する第一次的な手形債務を負担する。約束手形の振出は，書名性が要求される手形行為であるので，形式的要件として，約束手形としての必要的記載事項（手形要件：手75条）の具備が必要である（**第2章第1節**および**第2節**を参照）。その他に，実質的要件として，何を要求するかは，約束手形の振出という法律行為をどのように理解するかによって異なってくる。これは，手形理論とよばれる問題である。

2　手形理論と交付欠缺

(1)　手形理論

【Case 1】

　Aは，Bから商品を購入し，その代金の支払のため，約束手形を振り出した。

　【Case 1】において，Bが約束手形を受け取った場合，Aは，Bに対して手形債務を負担する。約束手形の振出を，契約であると考える立場は，Aが約束手形を作成し，Bに交付することを申し込み，Bが約束手形を受け取ることを承諾の意思表示と理解する（交付契約説）。これに対し，AがBに対し，作成された約束手形を交付することを，単独行為である手形の発行と捉える見解もある（発行説）。いずれにせよ，両説の立場からは，Bが約束手形を受け取った時点で，Aの手形債務が成立する。

(2)　交付欠缺

　問題なのは，Bが受け取る前に，当該約束手形が盗まれ，事情を知らない第三者Cが手形を取得した上，Aに手形金を請求してきた場合である。

【Case 2】

　【Case 1】において，Aが，約束手形を作成し，自身の事務所に保管していたところ，何者かが，手形を盗取・転売し，その後，事情を知らない第三者Cが手形を取得した上，Aに手形金を請求してきた。

　【Case 2】の場合，交付契約としての「振出」も，発行としての「振出」もないので（いわゆる交付欠缺），交付契約説，発行説のいずれによっても，Aは，原則として，Cに対し，手形債務を負担しない。これは，動的安全を重視する手形法の世界に

おいては，手形取引の安全を害する結果であり，受け入れがたい。

　そこで，観点を代えて，Ａが約束手形を「作成」した時点で，手形債務の成立を認める見解が主張されるに至った（創造説）。創造説は，手形取引の安全を最も強調する立場で最も早い時期に手形債務の成立を認める。創造説の中には，振出等の手形行為を手形債務負担行為と手形権利移転行為に二分し，権利移転行為全般につき，善意取得（手16条２項）の適用を認めようとする見解（二段階説）が特に有力に主張されている。二段階説によると，すでにＡの手形債務は発生しており，Ｃにつき，善意取得の要件が具備されると，Ｃは，Ａの手形債務に対応した権利を取得し，これをＡに対し請求できることになる。

(3)　学説の評価

　前記のとおり，二段階説は，【Case 2】において，手形取引の安全を図るために主張された理論である。二段階説によると，交付欠缺の場合に限らず，さまざまな場面で，手形取引の安全を図る方向で，スッキリとした解決に至ることができる。ただ，交付契約説，発行説の立場も，交付欠缺の場合において，手形取引の安全を図るべく，後記の権利外観理論の適用を認め，Ｃの救済を図る。結果として，いずれの手形理論に拠ったとしても，大きな結論の違いがない。

　手形理論につき，どの説をとるかは，結局，下記の２点に関する価値判断に左右される。いずれの点においても，前者をとれば，創造説，二段階説に，後者をとれば，交付契約説，発行説に行きつくこととなろう。

　　・１つは，１つの理論で種々の現象を統一的に解決できる「明快さ」を選ぶか，それとも，あくまで例外は例外にすぎず，例外をもって原則を歪めるべきでないと捉えるか。
　　・２つめは，手形取引の安全を重視する手形法の「理念」に従い，動的安全にバイアスをかけた制度設計を志向するか，それとも，現実に約束手形はさほど流通していない以上，かかる現実に即した対応をしていくべきと考えるか。

(4)　判　例

　交付欠缺の事案に関し，最高裁（最判昭和46年11月16日民集25巻８号1173頁〔百選８事件〕）は，「手形の流通証券としての特質にかんがみれば，流通におく意思で約束手形に振出人としての署名または記名押印をした者は，たまたま右手形が盗難・紛失等のため，その者の意思によらずに流通におかれた場合でも，連続した裏書のある右手形の所持人に対しては，悪意または重大な過失によつて同人がこれを取得したことを主張・立証しないかぎり，振出人としての手形債務を負うものと解するのが相当で

ある」と判示する。

　創造説，特に二段階説の立場は，この判決を，最高裁が二段階説の立場に親和的であることを示すものと理解する（すでにAの手形債務は発生しており，債務に対応する権利の移転（権利移転行為）の瑕疵が，善意取得（手77条1項1号・16条2項）によって治癒される）。これに対し，交付契約説・発行説の立場からは，交付がなく，原則としてAの債務負担がない事案なので，後記の権利外観理論の適用を示す事例と理解されることとなろう（その場合，権利外観理論の適用によるAの債務負担の有無が争点とされ，その際「流通に置く意思」をどう評価するかが問題とされる）。

　また，これらの見解からは距離を置き，当該事案の解決のため，いずれの理論からも取りうる帰結をレイシオ・デシデンダイ（ratio decidendi：日本法の判決理由）として示したにすぎないと理解することも可能であろう。

第2節　権利外観理論とその要件

1　権利外観理論

　権利外観理論とは，①真実と異なる外観が存在し（債務負担の外観の存在），②真の権利者に当該外観作出につき帰責性がある場合（帰責性），③当該外観を信頼した第三者を保護するため（第三者の信頼の保護：善意無重過失），当該外観どおりの法律上の効果の発生を認める理論である。民事法の世界では，表見代理等（民109条・110条・112条），表見責任の規定があちこちに散在しているところ，権利外観理論は，それらを法の一般理論として，統一的に理論化したものである。究極の法的根拠は，信義則（民1条2項）に求められることとなろう。

2　権利外観理論の要件

　権利外観理論の前記要件（①②③）中，問題とされるのは，②の帰責性を何に求めるかである。大別すると，帰責性を，(i)証券の作成に求める立場と，(ii)保管等の落ち度に求める立場とがありうる。前掲最判昭和46年11月16日における「流通に置く意思」という文言に意味があると考えると，(i)の立場に親和性を有することとなる。このように理解すると，この理論は，創造説，二段階説に限りなく接近してくることとなる。

　次に，(ii)の立場からは，「流通に置く意思」との語は，あくまでも当該事案に即した判断にすぎないと理解することになろう。

第3節　手形行為と民法・商法の適用

1　はじめに

　手形行為も法律行為の一種であるので，手形法・小切手法が規定をしていないものについては，民法・商法の一般規定が適用になるはずである（商1条2項参照）。しかし，他方で，手形については，輾転流通するという特質があるところから，手形行為については，特有の性質があり（**第1章第2節参照**），民法・商法の規定をそのまま適用することが妥当かどうかについては，議論がありうる。ここでは，民法・商法の規定の適用の可否が議論となっているいくつかの項目につき，説明する。

2　手形権利能力

　手形権利能力とは，手形上の権利義務の主体となりうる能力をいう。手形（小切手）権利能力につき，手形上特段の規定はなく，民法の一般原則に従うことになる。詳しくは，民法総則の教科書を参照されたい。

3　手形行為能力

　手形行為能力とは，手形行為を単独で有効になしうる能力のことである。手形（小切手）行為能力につき，手形上特段の規定はなく，手形権利能力と同様，基本的には，民法の一般原則に従うことになる。

　議論があるのは，無能力を理由として手形行為が取り消された場合，善意の第三者をどこまで保護すべきかである。

　通説は，無能力保護という行為能力制度の趣旨にかんがみ，無能力を理由とする取消しは，物的抗弁として（抗弁については，**第6章を参照**），善意の第三者に対しても効力を有すると解する。これに対し，手形行為には，民法の行為能力の規定の適用がないとして，無能力を理由とする取消しは人的抗弁（手17条）にとどまり，善意の第三者に対して対抗できないと説く見解も存在する。

4　手形行為と公序良俗

　賭博契約が，公序良俗違反（民90条）として無効とされることについては異論がない。では，たとえば，Aが賭博の負け金を支払うため，Bに対し，手形を振り出した場合，振出という手形行為は，公序良俗違反として無効とされるであろうか。これは，手形行為に民法90条の適用があるかという問題である。

　この場合，手形振出の原因関係であるAB間の賭博契約は，公序良俗違反（民90条）として無効であり，AはBに対し，この原因関係の抗弁を主張し，支払を拒むことができる。ただ，この抗弁は，あくまでも人的抗弁にとどまり，善意の第三者には対抗できない（手17条）。したがって，Bがこの手形を善意の第三者Cに譲渡してしまった場合，AはCに対し，原因関係の抗弁を主張し，支払を拒むことができない。

　そこで，次に，手形行為である振出行為そのものに民法90条の適用があるかが問題とされるのである。考え方としては，手形行為についても民法90条の適用があり，振出が無効であるとして，善意の手形譲受人の保護を権利外観法理によって図る見解と，手形行為は，金銭支払の手段として利用されるもので倫理的に無色であるとして，手形行為に公序良俗違反はあり得ないという見解とがありうる。わが国の多数説は，後者の立場をとる。

5　手形行為と意思表示の瑕疵

(1)　問題の所在と学説の整理

　もっとも議論があるのが，手形行為に民法の意思表示の瑕疵に関する規定（民93条以下）の適用があるか否かである。

　ごく大雑把に整理すると，考え方として，①民法の意思表示の瑕疵に関する規定の適用を全面的に肯定する見解と，②逆に，全面的に適用を排除する見解という両極論が主張されるとともに，両説の間に，③個別的に修正しようとする見解（第三者保護規定を置くものはそのまま適用し，そうでない規定については，適用を否定するか，第三者保護のため修正して適用すると説く説），④権利外観理論によって，一般的に修正する見解（権利外観理論については，本章第2節を参照）が主張されている。いうまでもなく，①が静的安全を，②が動的安全を，それぞれ重視している。②が，輾転流通する手形の特質にかんがみ，動的安全を重視しているのに対し，①は，現実の金融取引を前提とすると，多くの場合，手形は，銀行を介して決済され，銀行以外の「第三者」が登場することが少ない（そして，多くの場合，そのような者は保護に値しない）という認識を背景にしている。

　なお，②は，意思表示に関する規定を排除するため，手形行為における「意思」を「手形であることを認識し（または認識しうべくして），なされること」で足りると，抽象的・形式的に理解する。このことから形式行為説ともよばれる。

　なお，①③による場合，平成29年の民法改正（債権法改正）により，意思表示の瑕疵の規定につき改正がなされていることに注意する必要がある。たとえば，錯誤の効果は，無効から取消しへと変更されるとともに（民95条1項），取消しは善意の第三者に対抗できないものとされた（同条4項）。①による場合のみならず，③による場合に

も，改正民法における錯誤の規定はそのまま適用されることになるものと推測される。

(2)　判　例

判例は，意思表示の瑕疵の問題を「人的抗弁事由」にすぎず，善意の第三者に対し対抗できないと述べることが多い（「見せ手形」に使うとして手形を詐取された事案につき，最判昭和25年2月10日民集4巻2号23頁〔百選7事件〕（「見せ手形」につき，**第8章第5節**を参照），強迫によって手形を振り出した事案につき，最判昭和26年10月19日民集5巻11号612頁，錯誤によって手形を振り出した事案につき，最判昭和29年3月9日集民13号23頁，最判昭和54年9月6日民集33巻5号630頁〔百選9事件〕等）。判例がいう「人的抗弁」が手形法的にいかなる意味を有するのか明らかではない。そのため，判例が上記のいずれの見解をとっているかについては議論が分かれる。このことを下記の設例でみてみよう。

(3)　設　例

【Case 3】

Aは，Bに対する売買代金150万円の支払のため，150万円と記載した約束手形を振り出そうとしたところ，誤って1,500万円と記載して，Bに交付してしまった。Bは，この手形をCに対し裏書譲渡し，Cは，満期において，Aに対し，1,500万円の手形金請求をした。

【Case 3】は，前掲最判昭和54年9月6日を振出の場面にアレンジしたケースである。Aの過誤は，手形金額を算用数字で記載する際に，チェックライターを用いた際の打ち間違いから生じたものと思われる（漢数字で手書きする場合には，「金壱百五拾萬圓也」と記載するので，「金壱阡五百萬圓也」との間で誤記の問題が生じることはほとんどないといえる）。これは，民法上，表示行為の錯誤（民95条）を構成する。

この場合，前掲最判昭和54年9月6日は，「手形の裏書は，裏書人が手形であることを認識してその裏書人欄に署名又は記名捺印した以上，裏書としては有効に成立するのであつて，裏書人は，錯誤その他の事情によつて手形債務負担の具体的な意思がなかつた場合でも，手形の記載内容に応じた償還義務の負担を免れることはできないが，右手形債務負担の意思がないことを知つて手形を取得した悪意の取得者に対する関係においては，裏書人は人的抗弁として償還義務の履行を拒むことができるものと解するのが相当」である旨判示する。

前掲最判昭和54年9月6日が，単に善意の第三者に対抗できないということを「人

的抗弁」という言葉で表現したにすぎないと理解すれば，前記(1)の③④の諸説と整合する。他方，「手形であることを認識し」の語を重視し，④と整合的に理解することも可能である。④のように意思表示の内容を抽象化して理解すると，具体的な意思表示の瑕疵は，手形外の事情，すなわち人的抗弁と理解されることになる。その場合には，「人的抗弁」は，文字通り手形法上の人的抗弁（手17条）と理解することになろう。ちなみに，二段階説は，債務負担行為につき④をとった上で，善意者の保護は，善意取得（手16条2項）が適用される権利移転行為の問題と捉えることから，この説からは，前掲最判昭和54年9月6日における「人的抗弁」の語は，善意取得による第三者保護の問題を指しているものと理解されることになろう。

第4節　手形の代理

1　他人による手形行為

(1)　代理方式と機関方式（代行方式）

通常の法律行為と同様に，手形行為は，他人によってもすることができる。その際の方式としては，次の2つがある。B（代理人）がA（本人）のために手形を振り出すというケースで説明すると次のとおりである。

①　代理方式

代理方式とは，「A代理人B」という方式を券面上に示している場合である。「A代理人」の部分が顕名にあたる（民99条1項）。

②　機関方式（代行方式）

機関方式とは，Bが，「A」とのみ署名する場合である。この場合，外観上は，本人（A）が署名した場合と区別できない。

(2)　法人の手形行為

手形行為をする者が法人の場合には，法人名と代表者名を表示した上で，代表者の署名をするという方法でなされる。A株式会社が手形を振り出す場合，たとえば，「A株式会社代表取締役B」と署名する。これは，代理方式に相当する行為であり，この署名は，BでなくAの署名である。

問題となるのは，Bが，上記の方式ではなく，単に「A株式会社」と署名した場合，法人（A）の署名として有効か否かである。これは，前記の機関方式に相当する方法である。学説上，有効とする見解があるが，判例（最判昭和41年9月13日民集20巻7号1359頁〔百選2事件〕）は，「法人はその機関たる地位にある自然人と別個の人格を

有するが，代理の場合と異なり，機関の法律行為を離れて別に法人の法律行為がある
わけでなく，………法人の署名とはその機関の地位にある自然人の署名をいう」とし
て，かかる方式による署名の効力を否定する。

(3) 法人の署名か個人の署名か明確でない場合

「A代理人B」の署名は，代理方式によるAの署名であり，「A株式会社代表取締役
B」の署名もAの署名である。では，「A社B」の署名はどうか。この場合，法人署
名（A）とみることも可能だし，代表権限の表示がない以上，「A会社」の部分を肩
書とみることも可能である。その場合，Bの署名ということになる。

判例（最判昭和47年2月10日民集26巻1号17頁〔百選4事件〕）は，「手形上の表示
から，その手形の振出が法人のためにされたものか，代表者個人のためにされたもの
か判定しがたい場合においても，手形の文言証券たる性質上，そのいずれであるかを
手形外の証拠によつて決することは許されない」ので，「手形取引の安全を保護する
ために，手形所持人は，法人および代表者個人のいずれに対しても手形金の請求をす
ることができ」る旨判示する。

この問題は，裏書の連続の有無を判断する際に問題となることが多い（**第4章第4
節**参照）。

2　手形行為の無権代理

代理方式により手形行為がなされたところ，代理人に代理権が与えられていなかっ
た場合を，手形行為の無権代理という。この場合，無権代理人は，自ら支払う責任を
負う（手8条）。手形法8条は，民法の無権代理人の責任（民117条）を手形法化した
もので，民法の場合と同様，その性質は，法定担保責任であると解されている。

手形行為が，無権代理によりなされた場合，本人（A）に対しては，原則として効
力を生じない。ただ，本人が追認した場合（民116条），表見代理（民109条・110条・
112条）が成立する場合には，本人に対しても効力を生ずる。

3　表見代理

民法に定める表見代理の要件が具備される場合，手形行為についても表見代理が成
立する。その場合，表見代理の第三者は直接の相手方に限るかが問題とされる。

【Case 4】

Bは，Cに対し，権限がないのにA名義で約束手形を振り出した。Cは，これ
をDに裏書譲渡し，Dは満期において，Aに対し，手形金請求をした。

　判例（最判昭和36年12月12日民集15巻11号2756頁〔百選10事件〕）は，「約束手形が代理人によりその権限を踰越して振出された場合，民法110条によりこれを有効とするには，受取人が右代理人に振出の権限あるものと信ずべき正当の理由あるときに限るものであつて，かかる事由のないときは，縦令，その後の手形所持人が，右代理人にかかる権限あるものと信ずべき正当の理由を有して居つたものとしても，同条を適用して，右所持人に対し振出人をして手形上の責任を負担せしめ得ない」旨判示し，直接の相手方に限るものとしている。民法110条の表見代理の主観的要件「第三者が代理人の権限があると信ずべき正当な理由があるとき」は，代理関係を認識していることを前提にして，信頼したことを指すところ，直接の相手方を見ていない事後的な取得者に，かかる意味での信頼が生じることはありえないからである。このような判例の立場によると，直接の相手方であるCにつき表見代理の要件が成立する場合のみ，Dは保護され，Cにつき表見代理が成立しない場合，Dはたとえ善意であっても保護されない。

　これに対し，多くの学説は反対し，輾転流通する手形の特質にかんがみ，以後の取得者（D）も保護すべきであると解している。ただ，その理論構成については，直接の相手方に限らないとする見解，以後の取得者（D）は，権利外観理論により保護すべきとする見解等さまざまである。

4　その他の問題

(1)　手形行為と利益相反取引

　民法上，利益相反行為等については，無権代理行為とみなされる（民108条1項本文2項本文）。また会社法上，承認を欠いた，取締役の利益相反取引は，無権代理行為とみなされる（会356条2項）。では，これらの規定に違反して手形行為が行われたとき，その手形行為の効力はどうなるのであろうか。

【Case 5】
　A株式会社は，Aの取締役Bに対し約束手形を振り出し，BはこれをCに対し裏書譲渡した。Aの手形振出につき，Aの内部で利益相反取引に関する承認手続はなされていない。

　【Case 5】におけるAのBに対する振出，そしてBからCへの裏書は，隠れた手形保証としての趣旨でなされていることが多い（隠れた手形保証については，**第7章第5節**を参照）。その場合，Bの介在は，実質的にはAにとって利益があるといえる。しかし，利益相反の判断は，一般的抽象的になされる（詳しくは商事法講義1（会社

法）を参照されたい）。最判昭和46年10月13日民集25巻7号900頁〔百選37事件〕は，「約束手形の振出は，単に売買，消費貸借等の実質的取引の決済手段としてのみ行なわれるものではなく，簡易かつ有効な信用授受の手段としても行なわれ，また，約束手形の振出人は，その手形の振出により，原因関係におけるとは別個の新たな債務を負担し，しかも，その債務は，挙証責任の加重，抗弁の切断，不渡処分の危険等を伴うことにより，原因関係上の債務よりもいつそう厳格な支払義務であるから，会社がその取締役に宛てて約束手形を振り出す行為は，原則として，………会社はこれにつき取締役会の承認を受けることを要するものと解するのが相当である」旨判示する。したがって，AのBに対する手形振出は，利益相反に該当する。したがって，所定の手続による承認がない場合，無効となる（この他に，原因関係についても，利益相反該当性を検討する必要がある。原因関係については，**第1章第3節**を参照）。

　もっとも，前掲最判昭和46年10月13日は，その後に続き，「手形が本来不特定多数人の間を転々流通する性質を有するものであることにかんがみれば，取引の安全の見地より，善意の第三者を保護する必要があるから，会社がその取締役に宛てて約束手形を振り出した場合においては，会社は，当該取締役に対しては，取締役会の承認を受けなかつたことを理由として，その手形の振出の無効を主張することができるが，いつたんその手形が第三者に裏書譲渡されたときは，その第三者に対しては，その手形の振出につき取締役会の承認を受けなかつたことのほか，当該手形は会社からその取締役に宛てて振り出されたものであり，かつ，その振出につき取締役会の承認がなかつたことについて右の第三者が悪意であつたことを主張し，立証するのでなければ，その振出の無効を主張して手形上の責任を免れえないものと解する」としている。この立場は，相対的無効説とよばれている。

(2) 手形行為と名板貸

　自己の商号を使用して営業または事業を行うことを他人に許諾した商人・会社は，当該商人・会社が当該営業を行うものと誤認して当該他人と取引をした者に対し，当該他人と連帯して，当該取引によって生じた債務を弁済する責任を負うとされており（商14条，会9条），これを名板貸責任という。同条は，商人・会社の従業員が「暖簾分け」の形で独立した場合において，「暖簾分け」を許諾した商人・会社の責任を規定するものである。手形法上問題となるのは，単なる手形行為についてのみ許諾があった場合，同条が適用されるか否かである。具体例で説明しよう。

【Case 6】

(a) 個人商人Aは，「甲」事業を営んでいたところ，長年勤めてくれた従業員Bが

> 退職することになり，「暖簾分け」の形での独立（Aとは別に，独立してAの名
> で「甲」事業を営むこと）を認めることにした。Bは，自身の「甲」事業上の
> 債務の弁済のため，A名義で手形を振り出した。
> (b)　個人商人Aは，「甲」事業を営んでいたところ，Bに対し，単なる手形行為を
> 　　することについてのみ，自身の名義使用を許諾し，これに基づき，BはAの名
> 　　で手形を振り出した。

　商人が事業を行う上で，その事業にかかる取引に関し手形取引をすることは当然の
ことである。したがって，【Case 6】(a)について，名板貸に関する前記規定は適用さ
れる（最判昭和42年2月9日集民86号247頁）。

　他方，【Case 6】(b)につき，判例（最判昭和42年6月6日判時487号56頁〔百選12
事件〕）は，商法9条にいう「営業とは，事業を営むことをいい，単に手形行為をす
ることはこれに含まれない」旨判示した。

　学説の多くは，前掲最判昭和42年6月6日の立場に反対する。ただ理論構成はさま
ざまで，名板貸責任の規定の適用・類推適用を認める見解，権利外観理論により解決
する見解等が主張されている。

　なお，その後，最判昭和55年7月15日集民130号227頁は，事業の許諾はあったが，
実際には当該事業を行わず，手形行為のみにAの名称が用いられた事案において，名
板貸人Aの手形責任を認めた。前掲最判昭和55年7月15日の評価については，意見が
分かれており，前掲最判昭和55年7月15日により，(a)(b)の区別が廃棄され，名板貸責
任が適用するという形で統一されたと理解する立場，前掲最判昭和55年7月15日を
【Case 6】(a)に準じたものと捉え，【Case 6】(a)(b)の区別はなお維持されているとす
る立場等がありうる。

第5節　手形の偽造

1　偽造の意義

　手形の偽造とは，無権限者が機関（代行）方式で手形行為をすることである。無権
代理と偽造とは，無権限でなされた点は同じだが，その方式が代理方式（無権代理）
によったか，機関（代行）方式によったかの違いにすぎない。手形行為は，書面性を
有するので，これを手形券面の観点からみれば，偽造とは，手形の記載事項，主体を
意味する署名（手75条7号）を偽ることである。署名以外の記載事項，すなわち手形
債務の内容を偽るのが後記の変造であり，この点で偽造は変造と区別される。またこ

の点で，署名は，他の手形要件と区別される。

2　偽造者の責任

> 【Case 7】
> 　Bは，Aに無断でA名義で約束手形を振り出し，Cに対し交付した。
> (a)　偽造者Bは，手形法上責任を負うか。
> (b)　被偽造者Aは，Cに対し，手形債務に関し責任を負うことがあるか。

　【Case 7】の(a)は，偽造者の手形責任について問うものである。Bの名は，手形券面上に記されていないので，手形の書面性からいうと，Bは責任を負わないということになりそうだが，それでは，無権代理人の責任（手8条）とアンバランスであるし，具体的妥当性にも欠ける。偽造者の責任を認めるための考え方としては，(i)無権代理人の責任に関する手形法8条を類推適用する見解，(ii)偽造者（B）が自己を表示するため被偽造者名義（A）を用いたと捉える見解（偽造者行為説）がある。後者は，偽造を別名使用とみなす見解といってもよい（別名使用については，**第2章第2節**を参照）。

　最判昭和49年6月28日民集28巻5号655頁〔百選17事件〕は，「手形法8条による無権代理人の責任は，責任負担のための署名による責任ではなく，名義人本人が手形上の責任を負うかのように表示したことに対する担保責任であると解すべきところ，手形偽造の場合も，名義人本人の氏名を使用するについて何らの権限のない者が，あたかも名義人本人が手形上の責任を負うものであるかのように表示する点においては，無権代理人の場合とかわりはなく，したがつて，手形署名を作出した行為者の責任を論ずるにあたり，代理表示の有無によつて本質的な差異をきたすものではなく，代理表示をせずに直接本人の署名を作出した偽造者に対しても，手形法8条の規定を類推適用して無権代理人と同様の手形上の担保責任を負わせて然るべき」と判示し，(i)説をとっている。

3　被偽造者の責任

　【Case 7】の(b)は，被偽造者（A）の責任の有無について問うものである。Aは，そもそも手形行為を行っていないのだから，責任を負わないのが原則である。

　もっとも，被偽造者は，追認（民116条）をすることが可能であり，追認した場合には，無権代理人の場合と同様，遡及的に手形債務を負担する（最判昭和41年7月1日判時459号74頁〔百選16事件〕）。

　問題なのは，無権代理の場合に表見代理が成立するのとパラレルに，被偽造者につき，表見責任を認めることが可能かどうかである。表見代理につき述べたのと同様な議論がなされているので，表見代理につき述べたところを参照されたい（**第3章第4節3**）。

第6節　手形の変造

1　変造の意義

　手形の変造とは，無権限で手形の記載事項を変更し，手形債務の内容を変更することである。偽造との違いは，偽造につき述べたところを参照されたい（**第5節1**）。

2　変造の効果

　変造に関し手形法77条1項7号・69条は，変造後の署名者は変造後の文言に基づき責任を負い，変造前の署名者は，変造前の原文言に従い責任を負う旨規定する。要は，手形の署名者は，署名時の内容について責任を負うという，手形の書面性・文言性からの当然の帰結を示すものである。具体例で説明しよう。

【Case 8】
(a)　Aは，1,000万円と記載して手形を振り出したが，この手形につき，何者かが金額を勝手に5,000万円と書き換えた。その後，この手形を入手したBは，この金額を前提として，Cに対し裏書譲渡した。A，BのCに対する手形上の責任について述べよ。

(b)　Aは，令和 x 年10月1日を満期とする手形を振り出したが，この手形につき，何者かが満期を勝手に令和 x 年11月1日と書き換えた。その後，この手形を入手したBは，この満期を前提として，Cに対し裏書譲渡した。A，BのCに対する手形上の責任について述べよ。

　【Case 8】(a)における金額の書換えは，手形債務の内容を無権限で変更する行為なので変造に該当する。変造前の署名者（被変造者）であるAは，変造前の原文言に従って，1,000万円につき手形上の債務を負担する。これに対し，変造後の署名者であるBは，変造後の文言である5,000万円につき，手形上の債務を負担する。

　【Case 8】(b)における満期の書き換えも，同様に変造に該当する。この場合も，A，Bは，署名時の満期（Aにとっては令和 x 年10月1日，Bにとっては令和 x 年11月

1日）を前提とした責任を負う。ただ，CがBに対し手形責任（手15条）を追及するためには，遡求権保全の手続をしなければならないが，その際，Cは，変造前の満期に従ってその保全手続をとらなければならない（最判昭和50年8月29日判時793号97頁〔百選19事件〕）。

3　変造の証明責任

　変造された事実は手形券面上からは明らかではないので，手形法77条1項7号・69条を適用するにあたって重要なのは，変造の証明責任を誰が負担するかである。たとえば，【Case 8】(a)において，Aは，原文言に従って1,000万円についてのみ責任を負うが，そのためには，当該記載が変造されたものが証明されなければならない。そして，変造の証明責任をAとCのいずれが負うかは，裁判の帰趨に大きく影響する。

　この点，最判昭和42年3月14日民集21巻2号349頁は，「約束手形の支払期日（満期）が変造された場合においては，その振出人は原文言（変造前の文言）にしたがって責を負うに止まるのであるから……，手形所持人は原文言を主張，立証した上，これにしたがつて手形上の請求をするほかはないのであり，もしこれを証明することができないときは，その不利益は手形所持人にこれを帰せしめなければならない」旨判示し，変造の証明責任は所持人（【Case 8】でいうとC）にあると解している。

4　変造者，被変造者の責任

　偽造の場合とパラレルに，変造者，被変造者の責任についても議論されている。

(1)　変造者の責任

　変造者は，多くの場合，変造後の署名者であろう。その場合，手形法77条1項7号・69条に従い，変造後の文言に基づき責任を負う。変造者が手形券面上に署名していないときについて，学説は，偽造者の責任に関する手形法77条2項・8条を類推適用し，責任を負わせるべきとする見解が主張されている。

(2)　被変造者の責任

　被変造者は，原則として，変造前の原文言に従ってのみ責任を負う。ただ，変造されやすいような状態で手形に署名したという場合には，被偽造者の手形責任の場合と同様，表見法理，外観法理の適用がありうることが，学説からは指摘されている。

第4章　手形上の権利の移転

第1節　手形上の権利の移転

　民法上の債権譲渡の場合には，当事者間の合意によって債権を移転することができる（民466条1項）。もっとも，譲渡人が債務者に通知をするか，債務者が承諾しないと債務者に対する対抗要件を具備することができない（民467条1項）。また，二重譲渡に備えて，第三者対抗要件を具備するためには，確定日付のある証書による通知か債務者の承諾が必要となる（民467条2項）。さらに，債権譲渡の場合には，債務者から抗弁の対抗を受ける（民468条1項）。そして，債権について，無権利者から取得することはない（【図表1　債権譲渡・裏書比較表】）。

　これに対して，手形等の指図証券の譲渡は，裏書として行われ，債権譲渡と異なり，証券の所持人に支払えばよいため，債務者対抗要件が不要となり，有価証券であるため二重譲渡の問題が生ぜず対第三者対抗要件が不要となっている。また，手形は，裏書によって，人的抗弁が切断されることになる（手77条1項1号・17条本文，民520条の6）。さらに，無権利者から権利を取得することができる善意取得も認められている（手77条1項1号・16条2項，民520条の5）。そのため，手形においては，債権譲渡と比べて，簡易な方法で，権利の移転ができ，また，人的抗弁が切断され，善意取得が可能となるなど，権利の流通が促進される制度が設けられている（【図表1　債権譲渡・裏書比較表】）。

　裏書の法的性質については，手形上の債権の譲渡と解するのが通説である。通説によれば，裏書は，手形の流通保護のために人的抗弁の切断や善意取得が認められた特殊な債権譲渡と解することになる。これに対して，裏書による手形の譲渡は，「物」としての手形証券所有権の譲渡であり，被裏書人は手形証券を取得することにより，手形上の権利を原始取得するという見解もある。この見解によれば，人的抗弁の切断や善意取得は論理的に当然に導かれる効果となる。

　裏書も手形行為であるため，手形能力や瑕疵のない意思表示等の手形行為一般の成立要件を満たすことや手形の交付が必要となっている（民520条の2参照）。

　手形上の権利は，相続や会社の合併等の一般承継によっても移転することとなる。そのような場合には，人的抗弁の切断や善意取得など，手形の流通保護のための制度は適用されないこととなる。

【図表1　債権譲渡・裏書比較表】

	債権譲渡	裏　書
債務者対抗要件	必要	不要
第三者対抗要件	必要	不要
債務者の抗弁	原則，主張可	原則，主張不可
善意取得	不可	可能

第2節　裏書の方式

1　裏書の具体的方法

【図表2　約束手形の裏面】

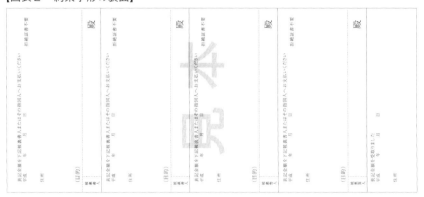

（出所）　一般社団法人全国銀行協会「動物たちと学ぶ　手形・小切手のはなし」33頁

　裏書は，手形，補箋または謄本の上に一定の事項を記載して，裏書人が署名し，被裏書人に交付するという方式で行われる（手77条1項1号6号・13条1項・67条3項。【図表2　約束手形の裏面】）。

　裏書によって手形上の権利を譲り渡す者が裏書人，譲り受ける者が被裏書人である。

　裏書は，単純であることを要するため，条件付裏書は，条件が記載されなかったものとみなされるが（手12条1項後段），裏書自体が無効となるわけではない。これに対して，一部裏書は，裏書自体が無効となる（手12条2項）。

　裏書には，記名式裏書（手77条1項1号・13条1項）と白地式裏書（手77条1項1号・13条2項）とがある。記名式裏書は，裏書人の署名および被裏書人の名称を記載した裏書である。統一手形用紙の裏面には，「表記金額を下記被裏書人またはその指図人へお支払いください」と印刷され，被裏書人欄が設けられており，被裏書人欄に名称が記されていると，記名式裏書となる（【図表3　裏書の見本】）。手形の表面に，被裏書人の名称を記載することもできるが，指図文句を記載しないと，手形保証とみなされてしまう（手77条3項・31条3項）。

　白地式裏書は，被裏書人の名称を記載しないでする裏書である。統一手形用紙の被裏書人欄を空白にした裏書である（【図表3　裏書の見本】）。白地式裏書により手形を受け取った場合の裏書の方法としては，①被裏書人欄に自己の名称を補充して裏書譲渡する方法，②被裏書人欄に譲渡先の名称を補充し，裏書をせずに手形を譲渡する方法，③被裏書人欄に補充をせず，白地式裏書のままで，裏書をする方法，④被裏書人欄に補充をせず，また，裏書もせず，手形を譲渡する方法がある。

【図表3　裏書の見本】

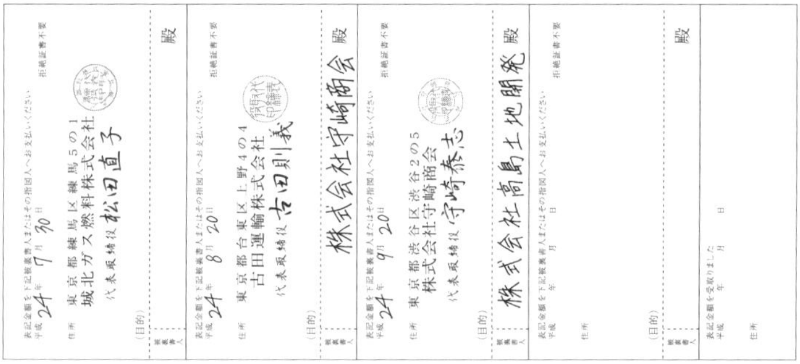

（出所）　一般社団法人全国銀行協会「動物たちと学ぶ　手形・小切手のはなし」36頁

2　指図禁止手形

【Case 1】
　YがAを受取人とし振り出した約束手形（本件手形）は，Xに裏書譲渡された。本件手形の表面には，指図文句が印刷されていたが，特に抹消はされておらず，また，Yが小さな文字で本件手形上に「裏書禁止」との記載をしていた。
　このような場合に，Xは，Yに手形金の支払を求めることができるか。

　手形は，法律上当然の指図証券とされ（手77条1項1号・11条1項），裏書によって，手形上の権利を移転することができる。指図証券とは，証券上で特定された者だけでなく，指図された者も権利を取得できる証券，すなわち，裏書によって権利を移転できる証券である。手形上に指図文句が記載されていたとしても，手形は法律上当然の指図証券であることから，指図文句は無益的記載事項となる。

　もっとも，振出人が手形上に「指図禁止」「裏書禁止」またはこれと同一の意義を有する文言を記載したときは，裏書によって，手形上の権利を移転することができなくなる（手77条1項1号・11条2項）。そのような手形を指図禁止手形または裏書禁止手形という。指図禁止手形は，手形の流通を希望しない振出人の利益を保護するために認められており，手形を担保として銀行貸付をする場合に用いられる。

　通常の裏書譲渡では，被裏書人には，人的抗弁の切断（手77条1項1号・17条本文）および善意取得（手77条1項1号・16条2項）の主張ならびに担保的効力および資格授与的効力が認められている。これに対して，指図禁止手形は，民法上の債権譲渡の効力のみが生じるため，人的抗弁の切断および善意取得の主張ならびに担保的効力および資格授与的効力が認めらない。

　【Case 1】のように，手形用紙に印刷された指図文句を抹消することなく，指図禁止文句が記載された手形は，指図禁止手形になるか否かにつき，判例（最判昭和53年4月24日判時893号86頁〔百選47事件〕）・通説によると，指図禁止文句が優先して，指図禁止手形となる。その理由としては，指図文句は統一手形用紙に記載された無益的記載事項であるが，指図禁止文句は特定の手形だけに記載された有益的記載事項であることから，有益的記載事項が優先するためとされている。

　指図禁止手形を譲渡するには，裏書ではなく，民法上の債権譲渡の方式によらなければならない（手77条1項1号・11条2項）。具体的には，当事者間の譲渡の意思表示の他に，民法467条1項の債務者対抗要件としての債務者への通知または債務者の承諾が必要であるとするのが通説である。そして，債務者への通知は，手形券面上に権利者として記載された者以降の者すべてがなされなければ債務者は通知を信頼できないことから，すべて通知が必要となろう。これに対して，指図禁止手形も，譲渡には手形の交付が必要であることから，債務者による譲渡人への履行や二重譲渡の危険がないことから，民法467条1項の対抗要件は不要とする見解もある。

　裏書禁止手形も有価証券であることから，譲渡するためには，手形の交付が必要となる。

3　債権譲渡の方式による譲渡

　それでは，指図禁止手形ではない手形について，債権譲渡の方式により譲渡するこ

とはできるであろうか。

　判例（最判昭和49年2月28日民集28巻1号121頁〔百選48事件〕）および通説は，指図禁止手形以外の手形も債権譲渡の方式による譲渡を認めている。債権譲渡の方式によると，人的抗弁の切断，善意取得等の手形法上の保護は認められないが，そのことは債権譲渡の方式による譲渡を否定することにはならないこと，債権譲渡の方式による譲渡であっても手形の交付が必要とされ，呈示証券性が認められることで，債務者にとって不利益でないことを理由とする。

　この見解に対しては，民法520条の2は，指図証券の譲渡は，裏書をして証券の交付をしなければ効力を生じない旨を規定していることから，指図禁止手形のように明文で例外規定が認められている場合以外には，債権譲渡の方式による譲渡は認められないと解する見解もある（弥永119頁）。

第3節　裏書の効力

　裏書には，権利移転的効力（手77条1項1号・14条1項），担保的効力（手77条1項1号・15条1項）および資格授与的効力（手77条1項1号・16条1項）が認められる（【図表4　裏書の効力】）。

1　権利移転的効力

【Case 2】
　A社は，B社から融資を受ける際に，B社に約束手形1通（本件手形）を振り出した。本件手形の振出しの際に，Y社は，B社との間で，B社のA社に対する手形債権について連帯保証契約（本件契約）を締結した。B社は，その後，X社に対し，本件手形を裏書譲渡した。
　X社の手形金の支払が拒絶された場合，X社は，Y社に対して，本件契約に基づく保証債務の履行を求めることができるか。

　権利移転的効力とは，裏書により，裏書人の有する手形上の一切の権利が被裏書人（白地式裏書の場合には手形取得者）に移転することである。権利移転的効力は，裏書の本質的効力である。また，権利移転的効力は，裏書人の意思表示に基づくものである。

　裏書による手形上の権利の移転は，債権譲渡と異なり，人的抗弁は，原則として，被裏書人に引き継がれない（手77条1項1号・17条本文，民468条1項）。このことの説明につき，裏書の法的性質について，債権譲渡であるとする見解によれば，手形取

得者保護のために特殊な債権譲渡と解することとなり，裏書を手形という証券（動産）の移転ととられる見解によると，理論的に当然に導かれる結果となる。

　【Case 2】においては，主たる債権が手形上の権利であって，保証債権が手形外の民法上の保証の場合に，裏書によって保証債権が移転するかが問われている。そもそも，民法上は，保証債務の随伴性により，主たる債権が譲渡された場合には，保証債権も移転する。また，手形法上，手形上の債権について手形保証がなされた場合には，裏書の移転的効力により，被裏書人が手形保証債権を取得することになる。主たる債権が手形上の権利であり，保証債権が手形外の民法上の保証の場合に，裏書によって保証債権が移転するかにつき，判例（最判昭和45年4月21日民集24巻4号283頁〔百選49事件〕）・多数説は，民法上の保証債権は，裏書の権利移転的効力によって被裏書人に当然に移転するわけではないが，保証債権の随伴性より，被裏書人に移転するとする。

2　担保的効力

　担保的効力とは，裏書人が裏書により被裏書人およびその後の譲受人に対し，手形の支払を担保（為替手形においては引受も）する義務を負うことである。担保的効力に基づき裏書人が負う義務を償還義務，遡求義務という。遡求義務は，満期において手形の支払が拒絶されたり，満期前に手形の支払が行われないことが確実になったりした場合に問題となる（手77条1項4号・43条）。詳細については，**第7章第2節**を参照。

　担保的効力の根拠については，①手形の流通性確保のための法定責任と解する見解と②他の手形行為と同様に有効な意思表示が必要とされていることから，裏書人の意思表示に基づくものであるとする見解とがある。

　もっとも，裏書が法律行為として有効でない場合，指図禁止手形（本章**第1節2**参照），期限後裏書（本章**第7節2**(4)参照），無担保裏書（本章**第7節2**(1)参照），裏書禁止裏書（本章**第7節2**(2)参照），取立委任裏書（本章**第7節3**(1)参照）については，担保的効力が認められない。

3　資格授与的効力

　資格授与的効力とは，手形の記載上被裏書人である者が手形を所持していれば，その者に手形上の権利者たる資格を法的に認めるものである。資格授与的効力は，手形の記載上において被裏書人となっている者が手形を所持していると，その者が手形上の権利者である蓋然性が高いことから，手形における権利行使の簡便さと流通性を確保するために認められている。資格授与的効力は，手形の記載上，被裏書人たる者が手形を所持しているという外形的事実に効力を認めている。

【図表4　裏書の効力】

	意　義	根　拠
権利移転的効力	手形上のすべての権利が被裏書人に移転	裏書人の意思表示
担保的効力	支払の引受および担保	意思表示に基づく責任 or 手形の流通性確保のための法定責任
資格授与的効力	被裏書人として記載された者は，権利を取得したものと推定	裏書がされた場合，手形上の権利が被裏書人に移転している蓋然性が高いこと

第4節　裏書の連続の意義

1　裏書の連続とは

　裏書の連続とは，受取人から最後の被裏書人に至るまでの各裏書が間断なく続いていることをいう。たとえば，第一裏書欄に，裏書人A，被裏書人B，第二裏書欄に，裏書人B，被裏書人Cとなっており，手形所持人がCであれば，裏書の連続が認められる（【図表5　裏書の連続】）。

【図表5　裏書の連続】

（出所）　一般社団法人全国銀行協会「動物たちと学ぶ　手形・小切手のはなし」36頁

2　裏書の連続の判断

　裏書の連続の有無は，手形の記載から形式的・外形的に判断すべきであるが，社会

通念上同一と認められる場合には，軽微な差異があっても裏書の連続が認められている。そして，偽造された裏書や実在しない会社の裏書であっても，裏書の連続が認められる。

最後の裏書が白地式裏書の場合には，当該手形の所持人は，裏書の連続ある手形の所持人とみなされる（手77条1項1号・16条1項二段）。また，白地式裏書に次いで他の裏書があるときには，その裏書をした者は，白地式裏書によって手形を取得したものとみなされる（手77条1項1号・16条1項四段）そして，抹消した裏書は，記載されなかったとみなされる（手77条1項1号・16条1項三段）。

【Case 3】

「愛媛無尽会社岡支店長」を受取人とした約束手形について，第一裏書人として，「北宇和郡泉村岡善恵」と記載されていた場合に，裏書の連続は認められるか。

【Case 3】においては，受取人欄に，個人名に会社の支店長という職名を付記した記載があるが，第一裏書人には個人名が記載されていた場合に，裏書の連続が認められるかが問題となっている。【Case 3】の素材となった事案においては，判例（最判昭和30年9月30日民集9巻10号1513頁〔百選50事件〕）は，氏名に職名を付記してその個人を指称することは取引において，よく行われるところであることから，「愛媛無尽会社岡支店長」という記載は，個人たる岡善恵に会社の支店長たる職名を付記して，個人たる岡善恵を指称するものであるとして，裏書の連続を認めている。

【Case 4】

約束手形の第一被裏書人「A」，第二裏書人「A相続人B」という記載には，裏書の連続は認められるか。

【Case 4】においては，相続人という一般承継人の肩書表示がある場合に，裏書の連続が認められるかが問題となる。

古い判例（大判大正4年5月27日民録21輯821頁）には，裏書の連続を認めたものもあるが，学説の多数説は，裏書の連続により認められる形式資格は，資格授与的効力を集積したものであることから，手形外の権利移転事由である相続に，資格授与的効力を認めることはできないとして，裏書の連続を否定している。学説の多数説によると，所持人は，相続の事実を立証しないと権利行使することができないことになる。

> 【Case 5】
> 　約束手形に第一裏書人「A」，第二裏書人「C」という記載があり，第一被裏書人「B」という記載が抹消されていた場合に，裏書の連続は認められるか。

　【Case 5】は，記名式裏書の被裏書人の氏名が抹消された場合に，裏書欄全部の抹消（全部抹消説）とみるべきか白地式裏書（白地式裏書説）とみるべきかが問題となる。

　全部抹消説は，裏書の記載は1つの意思表示として一体をなしており，被裏書人の表示は権利者の指定として重要な意義も有することから，被裏書人の抹消により裏書全体が意義を失うことを理由とする。これに対して，判例（最判昭和61年7月18日民集40巻5号977頁〔百選54事件〕）は，記名式裏書の被裏書人の氏名が抹消された場合については，白地式裏書と解するのが合理的であり，また，取引の社会通念に照らしても相当であり，さらに，手形の流通の保護に資するとして，白地式裏書説を採用している。

3　裏書の連続が欠けた場合

　裏書の連続が欠けた場合についても，判例（最判昭和31年2月7日民集10巻2号27頁〔百選53事件〕）・通説は，手形上の権利者であると主張する者が，裏書の連続が欠けた部分の実質的権利移転を立証することにより，他の裏書の権利推定効を活用し，権利行使を認める（架橋説）。そもそも，裏書の連続に，権利推定的効力（**第5節1**参照）が認められているのは，個々の裏書の有する資格授与的効力の集積されているためであり，連続が欠けた裏書の前後の裏書が有する資格授与的効力までは失われないことを理由とする。

　たとえば，【Case 4】においては，約束手形の第一被裏書人「A」，第二裏書人「A相続人B」という記載には，裏書の連続は認められないが，AからBへ相続によって権利が移転したことを証明すれば，手形所持人が無権利者であると主張する側にその事実の証明責任が転換されることになる。

第5節　裏書の連続の効力

　裏書の連続には，権利推定的効力（手77条1項1号・16条1項），善意取得，善意支払（手77条3項・40条3項）が認められる。

　もっとも，善意取得は，**第6節**で解説がなされることから，ここでは，権利推定的効力と善意支払について取り扱う。

1　権利推定的効力

　権利推定的効力とは，裏書の連続がある手形の所持人は，権利者であると推定されるとする効力である。権利推定的効力は，個々の裏書の資格授与的効力の集積として認められている。そして，裏書の連続した手形の所持人は，自己に至るまでの権利移転の過程を証明しなくても，自己が裏書の連続した手形を所持しているという事実を主張している限り，手形上の権利を行使することができる（最大判昭和45年 6 月24日民集24巻 6 号712頁〔百選52事件〕）。そのため，手形法16条 1 項の「看做ス」は，文言通りのみなし規定ではなく，「推定ス」と読み替え，挙証責任が転換されている法律上の権利推定と解されている。

　手形訴訟において，裏書の連続した手形の所持人が裏書の連続した手形を所持する事実を主張立証した場合には，手形債務者がその権利行使を拒絶するためには，所持人が無権利者であることを主張立証することになる。

2　善意支払

　善意支払とは，手形債務者が裏書の連続した手形の所持人を権利者であると信じて手形金を支払ったならば，手形所持人が実際には無権利者であったとしても免責させることである。

　債務者は，真の権利者に支払わなければ債務が消滅せず，免責されないのが原則である。もっとも，流通することが予定されている手形において，誰が権利者であるか知るのは困難であり，無権利者に手形金を支払った場合に，原則通りに，手形債務者が免責されないとすると酷な場合もあり，また，円滑な決済を阻害しかねない。そこで，手形法40条 3 項が認めているのが善意支払である。

　手形法40条 3 項においては，「満期ニ於テ支払ヲ為ス」と規定されている。もっとも，満期における支払だけでなく，呈示期間経過後の支払にも適用がある。

　また，手形法40条 3 項においては，「支払ヲ為ス者」と規定されている。「支払ヲ為ス者」には，為替手形の引受人や約束手形の振出人が含まれる。遡求義務者についても，自ら義務を負っていることから，手形法40条 3 項の類推適用が認められる。

　善意支払として免責されるためには，支払をなす者が「悪意又ハ重大ナ過失」がないことが求められている。ここでいう「悪意又ハ重大ナ過失」とは，了知していることである「悪意」，了知なきことについて重過失があることである「重過失」ではなく，「悪意」は，手形所持人が無権利者であることを立証しうる確実な証拠方法を有していたにもかかわらず，あえて支払をすることであり，「重過失」とは，手形所持人が無権利者であることを立証しうる確実な証拠方法が存在することを重過失によっ

て知らなかったり，証拠方法が存在することを知っていたが重過失によって支払をしてしまったりしたことである（最判昭和44年9月12日判時572号69頁〔百選70事件〕）。善意支払における「悪意又ハ重大ナ過失」の内容が異なっているのは，手形債務者は，単に無権利者であることを知っているだけで支払を拒絶すると，債務者は勝訴の危険がない訴訟に引き込まれ，また，敗訴した場合には訴訟費用と遅延利息を負担することとなり，そのことは，手形債務者に酷であり，それによって手形取引の円滑を害することになるからである。

第6節　善意取得

1　善意取得の意義

　手形の流通を促進するためには，これから手形を取得しようとする者を保護する必要がある。手形法77条1項1号・16条2項は，手形取引の安全確保のため，裏書が連続する手形の所持人が権利者と推定される（手77条1項1号・16条1項）ことを基礎として，所持人の権利者としての外観を信頼して手形を取得した者は，たとえ譲渡人が無権利者であった場合でも，手形上の権利を善意取得することを定めている。法文上は，「所持人……ハ手形ヲ返還スル義務ヲ負フコトナシ」と規定されているが，これは単に手形の返還義務がないということを定めたものではなく，所持人が手形上の権利を原始的に取得することを前提としている。

　動産の即時取得（善意取得。民192条〜194条）と比較すると，①まず，要件の点で，動産の場合には取得者の善意無過失が要求されるのに対し，手形の場合には善意無重過失でよく，重過失がなければ善意取得が認められる。②次に，効果の点で，動産の場合には占有物が盗品または遺失物であるときは2年間は返還を要するとされるのに対し，手形の場合にはそのような制限はない。

2　善意取得の適用範囲

【Case 6】
(a)　Aは，約束手形をBに振り出し，Bは，その手形を保管していた。ところが，その保管中，Cは，その手形を盗取し，Bから自己への裏書を偽造してDに裏書した。Dは，Aに手形金の支払を請求しうるか。
(b)　Aは，約束手形を未成年者であるBに振出した。Bは，Cから商品を購入し，

その支払のために法定代理人の同意を得ずにCに対し，その手形を裏書したが，その後，Bは，制限行為能力を理由に，裏書を取り消した。Cは，Aに手形金の支払を請求しうるか。

(c)　Aは，約束手形をBに振り出し，Bは，Cから強迫を受けてその手形をDに裏書したが，Bは，その裏書を取り消した。この場合，Dは，Aに手形金の支払を請求しうるか。

(d)　Aは，約束手形をBに振り出し，Bは，その手形を保管していた。他方，Cは，Bの代理人と称し，Dから無権代理行為によって自己のために商品を買付取得し，その代金の支払として，Bから盗取した手形をBの代理人（無権代理人）としてDに裏書した。この場合，Dは，Aに手形金の支払を請求しうるか。

(e)　Aは，約束手形をBに振り出し，Bは，その手形をCに裏書した。Cがその手形の保管中，Dは，その手形を盗取し，自分をCと偽ってEに裏書した。この場合，Eは，Aに手形金の支払を請求しうるか。

(1)　問題の所在

善意取得の適用範囲（善意取得によって治癒される瑕疵の範囲）については争いがある。善意取得は，譲渡人（前者）の権利者としての外観を信頼して手形を取得した者を保護する制度であるから，裏書の連続する手形を所持する譲渡人Cが無権利の場合（【Case 6】の(a)）に，Dのために善意取得が認められることは問題がない。問題は，善意取得の適用は，譲渡人が無権利者の場合に限られるか否かである。

伝統的通説は，譲渡人が無権利者の場合に限定されると解している（以下「制限説」という）。これに対し，有力説は，無権利者からの取得に限らず，制限行為能力，無権代理，意思表示の瑕疵・意思の欠缺，同一性の欠缺（手形の所持人と最後の裏書の被裏書人とが同一人であると誤認した場合。人違いのケースである）など，譲受人が手形上の権利を有効に取得できない場合にも適用されると解している（以下「無制限説」という）。

①　制限説

制限説は，(i)善意取得は裏書の連続した手形の所持（所持人の形式的資格）に対する信頼の効果として認められるものであるところ，裏書の連続した手形の所持は，所持人を権利者と推定するだけで，譲渡人の行為能力・有効な意思表示・代理権の存在までをも推測させるものではないから，手形法16条2項によって治癒されるのは，譲渡人の無権利という点だけであり，譲渡行為それ自体の瑕疵を治癒する効力を有するものではないこと，(ii)制限行為能力，意思表示の瑕疵・意思の欠缺，無権代理などの

瑕疵が善意取得によって治癒されるとすると民法の規定が骨抜きになってしまうこと，などを理由として挙げている。

② 無制限説

無制限説は，(i)手形法16条は，前者の手形上の資格だけにではなく，取得者の手形上の資格にも結び付けているので，善意取得は，手形所持人が裏書の連続した手形を占有しているという事実に対して法が直接認めた保護制度と理解すべきこと，(ii)譲渡人の行為能力の制限，意思表示の瑕疵・意思の欠缺，無権代理，同一性の欠缺（人違い）などの瑕疵も，無権利の瑕疵と同じく，手形記載の外形から明らかでないから，手形取引の安全のためには善意取得によって治癒する必要があること，(iii)手形法16条2項は，「事由ノ何タルヲ問ハズ…手形ノ占有ヲ失ヒタル者」と規定しており，無権利者からの譲受けに限定されないと解するのが自然であること，などを理由として挙げている。

さらに，この説は他の理由として，(iv)流通保護の見地からは，即時取得制度の沿革に固執すべきではないこと，(v)取得行為の瑕疵が善意取得によって治癒されても，瑕疵ある手形行為の署名者は，自己の債務負担については，物的抗弁，または少なくとも，人的抗弁として直接の相手方に対しては，抗弁を主張できるから，民法の規定が全く没却されるものではないこと，を挙げている。

(2) 【Case 6】の検討

① 制限説によれば，【Case 6】の(a)（譲渡人が無権利の場合）の場合だけ善意取得が認められる。これに対し，無制限説では，同(a)だけでなく，同(b)（譲渡人が制限行為能力者の場合），同(c)（譲渡人の意思表示に瑕疵がある場合），同(d)（譲渡人が無権代理人の場合），および同(e)（同一性の欠缺＝譲渡人が他人になりすました場合）の各場合にも善意取得が認められることになる。

② 無制限説に立つことが，手形取引の安全に資するようであるが，制限説から次のような反論がなされており，論争に決着はついていない。

(i) 譲渡人が制限行為能力者のとき（同(b)）は，手形行為の原因行為にも同様の瑕疵があることが通常であり，Cについて善意取得を認めても，Bが原因行為を取り消せば，手形債権の移転は法律上の原因を欠き，Cが手形を善意取得したことがBC間ではCの不当利得となる。そうすると，Bが原因関係上の不当利得を根拠としてCに対して手形の返還を請求しうることになるので，結局，このような場合に善意取得を認めても無意味である。

(ii) 譲渡人の意思表示に瑕疵がある場合（同(c)），現在の判例は，「手形の裏書は，裏書人が手形であることを認識してその裏書人欄に署名または記名捺印した以上，裏

書としては有効に成立する」と解し（最判昭和54年9月6日民集33巻5号630頁〔百選6事件〕），民法の意思表示の瑕疵に関する適用を排除する（または極めてそれに近い）見解をとっており，意思表示の瑕疵は手形法17条ただし書の人的抗弁にすぎないとする。そうすると，裏書の意思表示に瑕疵がある場合も，裏書は有効であって，手形上の権利は有効に承継されることになるので善意取得によって保護する必要はない。すなわち，裏書行為に瑕疵があれば，原因関係にも同様の瑕疵があるのが通常であるから，裏書人は，原因関係上の瑕疵に基づく人的抗弁を譲受人に対抗でき，不当利得に基づく手形の返還請求権も行使できるので，結局，善意取得が問題となる可能性はない。

(iii)　譲渡人が無権代理人の場合（【Case 6】の(d)），手形の善意取得の成否が問題となるのは，表見代理が成立しないときであるが，原因関係（たとえば売買契約）について表見代理が認められない限り，善意取得を認めても，本人BからDへの手形債権の移転は，法律上の原因を欠くものとなり，本人Bは原因関係上の不当利得を理由に，Dに対し，手形の返還を請求できることになるので，善意取得を認めても無意味である。

(iv)　同一性の欠缺，すなわち，譲渡人Dが他人Cになりすました場合（【Case 6】の(e)），白地式裏書と記名式裏書の制度上の区別を維持する観点からは，遡求義務を負担する譲渡人の身元確認（最後の被裏書人Cの所持人Dの同一性の確認）を行わないことは重過失と評価されるので，善意取得が認められることはほとんどない。

(3)　判例の見解

判例は，制限説の立場をとってきたといわれるが，無権代理による裏書のケースについて善意取得を認めたともとれる判例もあらわれており（最判昭和35年1月12日民集14巻1号1頁〔百選23事件〕），判例が無制限説をとるものであるかは必ずしも明らかではない（同判決と同一事案ついて，別の小法廷の最判昭和36年11月24日民集15巻25号19頁は無権代理による取得ではなく無権利者からの取得と構成しており，判例変更があったとはいえない）。

3　善意取得の要件

(1)　手形法固有の譲渡方法による期限前の取得であること

①　善意取得制度は，手形取引の安全を図る制度であるから，手形取得者に善意取得が適用されるのは，裏書等手形法が定める固有の譲渡方法による取得の場合だけに限られる。

手形法固有の譲渡方法とは，①裏書譲渡，②白地式裏書後の所持人が第三者に対し，

単なる手形の交付によって行う譲渡（白地式裏書のある手形の単なる交付譲渡），③受取人白地の手形の所持人が第三者に対し，単なる手形の交付によって行う譲渡（受取人白地手形の単なる交付譲渡）をいう。

　相続，会社合併，転付命令，指名債権譲渡の方法によって手形を取得した場合は，手形取引の安全とは無関係であるので，善意取得は認められない。

　②　法は，支払拒絶証書等作成後または支払拒絶証書作成期間経過後の期限後裏書には指名債権譲渡の効力しか認めていないため（手20条1項ただし書），善意取得が認められるためには，支払拒絶証書等作成前または支払拒絶証書作成期間経過前に手形を取得することが必要である。手形は満期到来とともに支払段階に入り，支払拒絶または本来の支払時期が経過する場合には，流通証券としての手形の機能は失われ，流通保護のための善意取得制度はその存在意義を失うに至るからである。

(2)　譲渡人に形式的資格のあること

　通常，この要件は，「裏書の連続する手形の所持人からの取得であること」と説明されることが多いが，これは，譲渡人に形式的資格を要求するものであり，裏書の連続に限らず，これと同一視される形式的資格があればよい。たとえば，受取人（まで）の記載ある手形の占有者も被裏書人と同様の形式的資格を有すると解されており，受取人からの善意取得も認められているし，受取人白地手形を単なる交付譲渡された場合も善意取得が認められている。

　なお，この要件(2)については，裏書が不連続の手形は善意取得の対象とならないか（裏書不連続手形の善意取得はありえるか）が争われている（最判昭和31年2月7日民集10巻2号27頁〔百選53事件〕参照）。

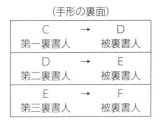

（手形の表面）		（手形の裏面）	
A → B		C → D	
振出人　受取人		第一裏書人　被裏書人	
		D → E	
		第二裏書人　被裏書人	
		E → F	
		第三裏書人　被裏書人	

　たとえば，振出人A，受取人Bと記載された約束手形の裏書欄に，C（第一裏書人）→D，D→E，E→Fと順次裏書記載のなされた手形をFが所持しているが，実は，Eが，Dより手形を盗取し，偽造裏書により一度自己を被裏書人に仕立て，Fに裏書譲渡した手形であったとする。Fが，BC間には相続，指名債権譲渡の方法による移転があったことを証明（主張・立証）できることを前提として，Eが無権利者と

知らず，かつ重過失もなかった場合に，Ｆは善意取得の保護を受けるかという点が争われている。この問題については，上告審の判例は未だ出ておらず，学説上は争いがある。

　現在，最も有力なのは，各個の裏書につき資格授与的効力を認め，かつ連続を欠く部分（BC間）につき実質的権利移転を立証できるときは裏書の連続が架橋されると解する見解である。この見解によれば，裏書の連続を欠く部分（Ｂ・Ｃ間）につき実質的権利移転を立証できるときは，裏書の連続が架橋されることになり，Ｆの善意取得が認められることになる。

(3)　譲受人が悪意または重過失ではないこと

　法は，取得者が善意であって，かつ，善意であることにつき重大な過失がないときに限り，善意取得の効果が生ずるものとした（手77条１項１号・16条２項ただし書）。善意取得は，手形取引の安全のために認められるものであるから，たとえ手形法固有の譲渡方法による手形取得者であっても，悪意者・重過失者は保護に値しない者として善意取得を否定したのである。

　「悪意」とは，譲渡人が無権利であることを知っていることをいい，「重過失」とは，手形取引において必要とされる注意を著しく欠いたため，譲渡人が無権利であることを知らなかったことをいう。もっとも，これは制限説を前提とした説明である。無制限説では，「悪意」とは，瑕疵の存在を知っていることであり，「重過失」とは，手形取引において必要とされる注意を著しく欠いたため，瑕疵を知らないことと説明されることになる。

　悪意かどうかは，手形を取得する時が基準となる。それゆえ，手形取得後に譲渡人が無権利者であることを知ったとしても，すでに発生した善意取得の効果に影響はないことになる。

　また，取得者に悪意・重過失があり，手形を善意取得していないことの主張立証責任は，善意取得の効果発生を妨げることに利益のある者が負担するので，振出人等手形債務者の側で，手形取得者に悪意または重過失があったことを主張立証しなければならない。

4　善意取得の効果

　手形法16条２項は，善意取得の効果として，「手形ヲ返還スル義務ヲ負フコトナシ」と規定するが，これは単に証券の返還義務がないということを定めたものではなく，所持人は，その前者（譲渡人）が無権利者であって手形上の権利の承継取得が生じない場合であっても，手形上の権利を原始的に取得すること（したがって，手形の返還

義務は生じないこと）を規定したものである。

第7節　特殊の裏書

1　はじめに

　手形法上認められる特殊の裏書には，無担保裏書（手77条1項1号・15条1項），裏書禁止裏書（手77条1項1号・15条2項），戻裏書（手77条1項1号・11条3項），期限後裏書（手77条1項1号・20条），取立委任裏書（手77条1項1号・18条），質入裏書（手77条1項1号・19条）があり，さらに明文はないが，隠れた取立委任裏書，隠れた質入裏書も特殊の裏書と扱われている。無担保裏書，裏書禁止裏書，戻裏書および期限後裏書は，手形上の権利を移転するものであるので「特殊の譲渡裏書」として，取立委任裏書および質入裏書は，権利譲渡以外の目的で使われ，手形上の権利を移転するものではないので「その他の裏書」として説明されることが多い。

2　特殊の譲渡裏書

(1)　無担保裏書

　無担保裏書とは，「支払無担保」のように，裏書人が裏書による担保責任を負担しない旨（無担保文句）を記載した裏書をいう（手77条1項1号・15条1項）。裏書人は，手形の流通促進のために担保責任を負担するが，法は，担保責任を負わない旨の記載をして担保的効力を排除することを許容している。

　無担保文句を裏書欄に記載すると，たとえ当該手形が不渡りになっても，裏書はすべての後者（被裏書人を含むすべての後者）に対して担保責任を負わない。裏書の担保的効力を排除する効果は，無担保裏書をした裏書人だけに生じ，その者の前後の裏書人の担保責任には影響を与えない。無担保裏書は，担保的効力がないだけで，権利移転的効力も資格授与的効力は有している。

　約束手形においては「支払無担保」だけであるが，為替手形においては「引受無担保」と「支払無担保」の両者がある。

(2)　裏書禁止裏書

　裏書禁止裏書とは，新たな裏書を禁止する旨（裏書禁止文句）を記載した裏書をいう（手77条1項1号・15条2項）。裏書禁止裏書をした裏書人は，直接の被裏書人を除く，以後の裏書人に対して担保責任を負担しない。すなわち，裏書人は，裏書禁止裏書の被裏書人に対してだけは手形金支払義務を負うのであり，この点で無担保裏書

とは異なっている。裏書禁止裏書は、裏書人が直接の被裏書人に対して有する人的抗弁が切断されるおそれを防ぐために行われる。

　なお、振出人によって裏書禁止文句が記載されたときは、手形の指図証券性は失われるが、裏書人による裏書禁止裏書には、手形の性質を変える効力はなく、指図証券性は失われない。それゆえ、裏書禁止裏書によって譲渡を受けた被裏書人は、さらに裏書譲渡を続けることができる。

(3)　戻裏書

【Case 7】
　Aは、売買代金支払のためにBを受取人として約束手形を振り出したが、Bが売主としての義務を履行しないので、Aは売買契約を解除した。しかし、その後、手形は、Bから善意のCに裏書譲渡され、さらに善意者Cから再びBに戻裏書された。この場合、Bは、Aに手形金の支払を請求しうるか。

①　意　義

　戻裏書（「もどりうらがき」または「もどしうらがき」）とは、振出人、裏書人など（為替手形においては引受人、参加引受人も）すでに手形上の債務者となっている者に対してなされる裏書をいう。戻裏書も、その本質は、譲渡裏書であり、通常の譲渡裏書と同様の効力が認められる。

　ただ、戻裏書がなされると、同一の手形債権について権利者たる地位と義務者たる地位とが同一人に帰属することになるので、混同（民520条）による手形債権の消滅を生じるのではないかとの疑問が生じるが、手形法11条3項は、戻裏書によって手形上の権利は消滅しないこと、および、戻裏書を受けた者はさらに裏書をなしうることを定めている。かつては、手形法11条3項は手形の流通を保護するために政策的に設けられた特則と解していた。現在は、有価証券は1個の客観的財産であること、手形における当事者観念は純形式的で非個人的な性格であるため当事者資格の兼併が可能であることなどの理由から、戻裏書によって債務が消滅しないのは当然であると解されている。

　戻裏書の被裏書人（B）は、自己が手形に署名した後に手形に署名した者（Bの後者であるC。中間の義務者）に対しては遡求権を行使することができないと解されている。なぜなら、中間の義務者（C）に対する遡求権の行使を認めると、義務を果たしたCは、戻裏書を受けた者（B）に対し再遡求できるので、無用な請求の循環を生ずるからである。

②　戻裏書の法的構成と人的抗弁の切断

設例では, 債務者 (A) から人的抗弁の対抗を受ける地位にあった手形所持人 (B) が, 当該手形を善意者 (C) に裏書譲渡した後, 戻裏書によって再び所持人となった場合の取扱いが問題となる。

判例は, Bは, その裏書以前にすでに振出人Aから抗弁の対抗を受ける地位にあったのであるから, 当該手形がその後善意者Cを経て戻裏書により受け戻されたからといって, 手形上の権利行使について, 自己の裏書譲渡前の法律的地位よりも有利な地位を取得すると解しなければならない理はないとして, Bは人的抗弁の対抗を受けるとする (最判昭和40年4月9日民集19巻3号647頁〔百選27事件〕)。学説もこの結論を支持している。

ただし, 結論に異論はないとしても, これも人的抗弁切断後, その抗弁について悪意で手形を取得する場合の一態様であるので (**第6章第2節4⑶参照**), 戻裏書の場合に, 善意者の地位ないし権利は承継されず, 債務者が戻裏書による取得者に対して人的抗弁を対抗しうることをどのように説明するかについては争われている。

まず, 戻裏書の法的構成については, 戻裏書を受けた被裏書人 (所持人) は, 自己が裏書譲渡する以前に有した地位ないし権利を回復するとの見解 (権利復活説) もあるが, 現在では, 戻裏書の被裏書人は, 裏書人から手形上の権利を承継するとの見解 (権利再取得説) が通説である。

次に, 権利再取得説によると, Cが善意のため, AのBに対する人的抗弁が切断され, Cは抗弁の対抗を受けない完全な権利を取得し, Bはそのような権利を戻裏書によってCから承継取得したので, Aから抗弁を対抗されることはないという結論になりそうである。しかしながら, 人的抗弁は手形そのものに付着するものではなく, 人的関係の存する当該の人自身に付着するものであるから, 手形を譲渡した後も抗弁は元の所持人に残り, 手形上の権利を再取得したときに抗弁の対抗を受けるのは当然である (その人に関する限り, どこまでも追随して対抗できる) と解されている (人的抗弁の属人性)。

③　人的抗弁の対抗につき, 信義則上, 戻裏書と同一に評価すべき場合

【Case 8】

　Aは, 売買代金支払のためにB社を受取人として約束手形を振出し, B社は善意のC銀行に割引のため譲渡した。なお, Dは, B社の全株式を保有する代表取締役社長であり, B社のC銀行に対する債務につき保証債務を負担していた。その後, B社は倒産し, AB間の契約は履行されなかったので解除され, 他方, Dは保証人として, C銀行に対する債務を弁済したので, C銀行はDに対し, 無担保

> 裏書の方法により本件手形を交付した。この場合，Dは，Aに手形金の支払を請
> 求しうるか。

【Case 8】の場合，手形債務者Aは，B社に対して対抗することができた人的抗弁
（原因関係消滅の抗弁）を，善意者である割引銀行Cを経て手形を取得したDに対し
て主張できるであろうか。

保証人Dが保証債務を履行して，Aの抗弁につき善意のC銀行から割引手形を買い
戻した場合，DはC銀行の有する抗弁の切断された手形債権を代位取得するから（民
501条），AはBに対して有する抗弁をもってDに対抗することはできないように思わ
れる。しかしながら，抗弁切断後の取得者Dが，抗弁切断前の所持人（B社）の代表
取締役（しかも全株式を保有するDがB社の全株式を保有するオーナー社長）という
関係にある場合に，一般の抗弁切断後の手形取得者と同様に扱ってよいのであろうか。

DがB社の代表取締役である場合には，Dが善意のC銀行の有する手形上の権利を
代位取得したことを理由にDに抗弁切断の利益を認めることは不当と考えられる。判
例は，B社とDとは「密接に経済的利害を共通にする」と認定した上で，本件手形の
C銀行からDへの裏書は，信義則上，C銀行からB社への戻裏書と同一に評価すべき
であるとして，振出人Aは，B社に対抗することができる人的抗弁をもって，善意の
C銀行の介在にかかわらず，Dに対して対抗することができると判示した（最判昭和
52年9月22日判時869号97頁）〔百選34事件〕。

(4)　期限後裏書

期限後裏書とは，支払拒絶証書作成後または支払拒絶証書作成期間経過後（呈示期
間経過後）の裏書をいう（手20条）。

手形は，満期が経過した後でも，さらには支払が拒絶された後であっても，裏書に
より譲渡することができるが，法は，手形の流通を保護すべき期間を，支払拒絶証書
が作成されたときはその時まで，支払拒絶証書が作成されないときは支払拒絶証書作
成期間（呈示期間，すなわち，確定日払の手形では満期の日およびその後2取引日内
と一致する）の経過する時までと定め，それ以後の裏書を期限後裏書として，指名債
権譲渡の効力しか有しないと規定する（手77条1項1号・20条ただし書）。手形は満
期到来とともに支払段階に入り，支払が拒絶されたり，あるいは本来支払われるべき
時期（呈示期間）が経過すれば，流通保護のために特殊の制度はその存在意義を失う
ので，法は期限後裏書の被裏書人には裏書人以上の保護を与える必要がないとして指
名債権譲渡の効力にとどめたのである。したがって，善意取得（手77条1項1号・16
条2項），抗弁の切断（手77条1項1号・17条），裏書の担保的効力（手15条2項）の

制度は適用がない。たとえば，期限後裏書は裏書人の地位を被裏書人に承継せしめる効力のみを生ずることを意味するから，手形債務者は，期限後裏書の被裏書人に対しては，その裏書の裏書人に対する人的抗弁をもって対抗することができる。

期限後裏書も権利移転的効力があるので，それに応じた資格授与的効力を生ずる。したがって，期限後裏書の被裏書人は，自らの権利を証明しないでも，権利者としての推定を受け（手77条1項1号・16条1項），債務者は善意で支払えば免責される（手77条1項3号・40条3項）。ただし，上記のとおり，指名債権譲渡の効力しかないので，善意取得は認められない。

期限後裏書か否かは，裏書の日付ではなく，実際に裏書がなされた日を基準として決定されるが，日付の記載のない裏書は，期限前裏書と推定される（手77条1項1号・20条2項）。

3　その他の裏書

⑴　取立委任裏書（公然の取立委任裏書）

①　意　義

裏書人が手形に「取立のため」，「回収のため」その他単なる委任を示す文言を記載することによってなす裏書をいう（手77条1項1号・18条1項本文）。取立委任裏書は，手形上の権利の取立権限を授与する目的で行われる裏書である。これは，権利行使の際に，常に所持人本人が手形の呈示をしなければならないとすると不便であるし，仮に手形外の代理権授与の方法によるとすると委任状添付等の不便があることから認められた制度である。

②　効　力

ⅰ　被裏書人の権限

被裏書人は，手形より生じる一切の権利を行使する権限を取得する（手77条1項1号・18条1項本文）。すなわち，授与される代理権は包括的な代理権であり，被裏書人は手形上の権利行使のために必要な一切の裁判上または裁判外の行為を行うことができる。

しかし，被裏書人は，手形上の権利者ではないから，譲渡裏書をすることはできず，取立委任裏書をなしうるにすぎない（手77条1項1号・18条1項ただし書）。取立委任文言を記載しないで行った裏書も取立委任裏書としての効力を有すると解されている（通説）。

ⅱ　手形抗弁

被裏書人は，裏書人のために手形上の権利を代理行使するにすぎないから，手形債務者は，取立委任の裏書人に対抗しうるすべての抗弁を被裏書人に対して対抗するこ

とができるが，他方，被裏書人自身に対する抗弁事由をもっては対抗することができない（手77条1項1号・18条2項）。手形上の権利は裏書人に帰属しており，被裏書人は裏書人の代理人として権利行使するにすぎず，被裏書人独自の経済的利益を有していないことに留意する必要がある。

(iii) 資格授与的効力

取立委任裏書には権利移転的効力はないが，代理権授与的効力はあるので，被裏書人は，裏書人の代理人であることの資格が認められる（代理資格授与的効力）。それゆえ，代理権の存在を証明しなくても当然に権利行使ができる。他方，手形債務者は，かかる被裏書人に支払えば悪意または重過失がない限り免責される（手77条1項3号・40条3項前段）。手形債務者は，形式的に裏書の連続の整否を調査する義務はあるが，取立委任裏書の署名の真否を調査する義務はない（手77条1項3号・40条3項後段）。なお，手形上の権利の善意取得は問題とならない。

(iv) 担保的効力

裏書人は，手形上の権利を移転したのではないから，担保責任を負担しない。

③ 取立委任の終了

取立委任の解除により，当事者間では，手形の回収がなくても被裏書人の代理権は消滅する。しかし，手形の回収がなく，被裏書人が取立委任裏書のある手形を所持するときは，その資格授与的効力により，代理権の存在が推定されるので，手形債務者は，かかる被裏書人に支払えば悪意または重過失がない限り免責される（手77条1項3号・40条3項前段）。

一般に代理権は，本人の死亡・能力の喪失によって消滅するが（民111条），手形法は，被裏書人の手形上の代理権は，裏書人の死亡・行為能力の制限によって消滅しないものとしている（手77条1項1号・18条3項）。

(2) 隠れた取立委任裏書

【Case 9】
(a)　Aは，売買代金支払のために約束手形をBに振り出したが，Bが履行期を過ぎても品物を引き渡さなかったため，売買契約を解除した。その後，Bが取立のためにその手形を通常の譲渡裏書の形式でCに裏書した場合，Cは，Aに手形金の支払を請求しうるか。
(b)　また，AがCに対し，相殺適状にある反対債権を有する場合，Aは，Cの手形金請求に対して相殺の抗弁を主張できるか。

①　意義と法的性質

(i)　意　義

　隠れた取立委任裏書とは，取立委任の目的で通常の譲渡裏書の形式でなされる裏書をいう。外形的にみれば通常の譲渡裏書であるが，裏書当事者の意思は代理権の授与である。

　隠れた取立委任裏書の裏書人にとっては，満期の到来をまって被裏書人に取立を行わせることもできるし，満期前に手形を割引譲渡して対価を収めうる便宜もあるので利用されると説明されている。しかし，裏書人は，人的抗弁を潜脱する手段として隠れた取立委任裏書を悪用することがある。

(ii)　法的性質

　隠れた取立委任裏書は，実質は手形上の権利の移転ではなく取立の委任であるが，形式は通常の譲渡裏書であるため，その行為の実質と形式とが一致しないことから，その法的性質と効果をめぐって見解が対立している。

⑦　信託裏書説

　通常の譲渡裏書の形式をとることを重視し，手形上の権利は信託的に被裏書人に移転し，取立委任の関係は裏書当事者間の人的抗弁事由にとどまると解する見解である（通説）。根拠として，手形法は当事者が任意の効力を有する手形行為を創設することを許容していないから，通常の譲渡裏書の形式による裏書をした以上，手形上の権利移転の効力を有するものとしなければならない，という点が挙げられている。

⑦　資格授与説（資格裏書説）

　取立委任の目的でなされることを重視し，手形上の権利は被裏書人に移転せず，裏書人は，被裏書人に手形上の権利者たる資格とともに，自己の名をもって裏書人の手形上の権利を行使する権限を授与するにすぎないと解する見解である（有力説）。根拠として，①取立委任という当事者の目的に即して法律関係を考えるべきであること，②およそ表示や形式を尊重するのは，それ自体に特別の意味があるのではなく，流通証券たる手形の取引安全保護のために必要だからであり，それゆえ，その範囲で尊重すれば足りること，が挙げられている。

⑦　新相対的権利移転説

　基本的には信託裏書説に立つが，そこでの権利移転の意味を相対的に捉え，①当事者間では実質を重視して権利は移転しない（裏書人にとどまる）として扱うが，②裏書当事者から第三者に対して，権利は移転していないと主張することはできず，また，③第三者の側からは，裏書当事者に対して，権利が移転していると主張することもできるし，権利が移転していないと主張することもできると解する見解である。

　判例は，新相対的権利移転説に立つかのような説示をしたもの（最判昭和39年10月

16日民集18巻8号1722頁）もあるが、基本的には信託譲渡説の立場に立っていると解されている（最判昭和31年2月7日民集10巻2号27頁〔百選53事件〕、最判昭和44年3月27日民集23巻3号601頁〔百選59事件〕）。

②　隠れた取立委任裏書の効力

隠れた取立委任裏書の法的性質をどう捉えるかにより、①手形債務者の主張できる人的抗弁（裏書人に対する抗弁・被裏書人に対する抗弁）、②裏書当事者の破産、③被裏書人が義務に違反して手形を裏書譲渡した場合における善意取得者の保護、④取立委任の解除、に関して異なる結論が出るといわれる。もっとも、信託裏書説と資格授与説とは、出発点を異にするが、信託裏書説は、問題の妥当な解決のために種々の理論の修正を行い、資格授与説と同じ結論を認めることが多いので、両説の結果には大差がない。

⒤　手形抗弁

㋐　裏書人に対する抗弁

手形債務者は、隠れた取立委任裏書の裏書人に対する人的抗弁をもって被裏書人に対抗できるであろうか（【Case 9】(a)）。

資格授与説によると、手形上の権利は裏書人Bに帰属しており（Cには移転していない）、被裏書人Cは、Bの権利を自己の名で行使しているにすぎないから、Aが裏書人Bに対する抗弁をもってCに対抗できるのは当然とされる。

これに対し、信託裏書説による場合には、抗弁切断の問題は、あくまでも形式に従って通常の譲渡裏書と同様に扱うことになるはずであり、被裏書人に害意のない限り、裏書人に対する抗弁をもって被裏書人に対抗しえない（手77条1項1号・17条）ということになりそうである（手形上の権利はCに移転し、Cは自己の権利を行使しているのだから、AがBに対して抗弁を持っていても、CがA・B間に抗弁があることを知って手形を取得したために悪意の抗弁を対抗される場合でない限り、AはそれをCに対抗することはできないという結論になるはずである）。しかし、このように解すると、隠れた取立委任裏書が人的抗弁の主張回避の手段として利用されるおそれが生じ、妥当ではない。そこで、信託裏書説の多くは、隠れた取立委任裏書の被裏書人はもっぱら裏書人のために権利を行使するものであるから、固有の経済的利益はなく、したがって人的抗弁切断の利益を受け得ないと解し、裏書人に対する抗弁をもって被裏書人にその善意・悪意を問わず対抗しうるという結論を導いている。

新相対的権利移転説によれば、手形債務者は、第三者として、実質が取立委任であることを主張することができるから（前掲の①⒤㋒の新相対的権利移転説の主張③の場合に該当する）、裏書人に対する抗弁を被裏書人に対しても主張することができる。

㈡　被裏書人に対する抗弁

手形債務者は，隠れた取立委任裏書の被裏書人に対する人的抗弁をもって裏書人に対抗できるであろうか（【Case 9】(b)）。

資格授与説によると，被裏書人は，その裏書が隠れた取立委任裏書であることを主張立証することにより，その対抗を免れることになる。すなわち，手形上の権利者はBであり，CはBの権利を行使しているのであるから，AはC自身に対する抗弁を対抗（主張）することはできないことになる。

これに対し，信託裏書説は，被裏書人Cが権利者なのだから，Aは，被裏書人自身に対する抗弁をもって被裏書人に対して対抗できる（被裏書人自身に対する抗弁を主張することができる）とする。裏書人は，公然の取立委任裏書の方法をとらないで譲渡裏書の形式を選んだ以上不利益を被ってもやむを得ないとする。

新相対的権利移転説によれば，当事者である被裏書人は第三者である手形債務者に対して実質が取立委任であることを主張することができないから（前掲の①(ii)㈦の新相対的権利移転説の主張②の場合に該当する），手形債務者はC自身に対して有する抗弁を主張することができる。

(ii)　裏書当事者の破産

資格授与説によると，手形上の権利は裏書人に依然として帰属しているので，被裏書人が破産した場合は裏書人が取戻権（破62条）を有し，裏書人が破産した場合は，手形は裏書人の破産財団に属することになる。

信託裏書説によると，手形上の権利は被裏書人に移転しているから，被裏書人が破産すれば，手形はその破産財団に属し，裏書人は取戻権を有しないし，また裏書人が破産してもその破産財団に属さないことになる。信託裏書説の中には，裏書人が取戻権を有しないという結論について，裏書人が法の予定する方法をとらない以上不利になっても仕方がない，あるいは，手形の外観に対する第三者保護の要請からはその結論でよいとするものもある。しかし，実質的には権利は移転していないこと，利益の公平な分配を目的とする破産法のもとでは，ある権利が破産財団に属するか否かは取引の安全保護の見地からではなく，実質的利益の帰属に従って決定すべきであること等の理由から，信託裏書説をとりながらも，裏書人の取戻権を認める見解もある。

新相対的権利移転説によれば，破産者の債権者の地位を当事者間の関係とみて（前掲①(ii)㈦の新相対的権利移転説の主張①の場合に該当する），当事者間では権利が移転していないものとして取り扱われるから，裏書人が取戻権を有するとされる。

(iii)　被裏書人が義務に違反して手形を裏書譲渡した場合における善意取得者の保護

隠れた取立委任裏書の被裏書人がその手形を第三者に譲渡した場合，第三者は手形上の権利を取得しうるか否かが問題となる。

　資格授与説によると，善意無重過失の第三取得者は，手形法77条1項1号・16条2項の規定により，手形上の権利を善意取得しうる。

　信託裏書説によると，被裏書人は手形上の権利者であるから，第三取得者は手形上の権利を取得するが，害意のときは手形法77条1項1号・17条ただし書の規定により悪意の抗弁の対抗を受けることになる。新相対的権利移転説でも同様に解することになろう。

(iv)　取立委任の解除

　裏書人が取立委任を解除した場合，手形債務者はそれを理由として，被裏書人の手形上の請求を拒むことができるか否かが問題となる。

　資格授与説によれば，被裏書人は無権限になり，手形債務者はそのことを主張して被裏書人への支払を拒むことができる。被裏書人に手形金を支払った債務者は，手形法77条1項3号・40条3項によって保護される。

　信託裏書説によると，取立委任が解除されても被裏書人には手形を裏書人に返還すべき手形外の義務が生ずるにすぎず，返還するまでは被裏書人は手形上の権利者であり，債務者は被裏書人の請求を拒めないことになるそうである。しかしこの結論は妥当でないとして，信託裏書説の立場をとりながら，裏書の原因関係が消滅した場合に，権利濫用の抗弁を認め，被裏書人の権利行使を認めるべきではないと主張する説が有力である。また，信託裏書説に立ちながら，権利移転行為有因論をとる論者は，裏書の原因関係が消滅した場合には無権利の抗弁を認める。

(3)　質入裏書（公然の質入裏書）
①　意　義

　手形上に，「担保のため」，「質入のため」その他質権の設定を示す文言の記載された裏書である（手77条1項1号・19条1項）。質入裏書は，手形上の権利に質権を設定する目的で行われる裏書である。白地式でもよい。これは，手形の質入についても民法上の質権設定の方式により行うべきものとすると，手続が煩雑で効果も不安定となることから，手形法により特別の方式や効力を規定し，手形所持人としての質権者の簡便かつ確実な権利行使を保障したものである。

②　効　力
(i)　被裏書人の権限

　被裏書人は，手形上の権利に対して質権を取得するにすぎないが，法は，被裏書人に「手形ヨリ生ズル一切ノ権利ヲ行使スルコトヲ得」る権限を与えている（手77条1項1号・19条1項）。すなわち，質入裏書の被裏書人は，振出人，裏書人，保証人など手形上の債務者に対する関係で，支払呈示，受領，償還請求，自己の名における訴えの提起など，手形上の権利行使に必要なすべての行為をすることができる。

　他方，被裏書人は，質権を有するにすぎず，手形上の権利を取得したわけではないから，手形を譲渡することはできず（権利移転的効力は認められない），たとえ譲渡裏書をしても，その裏書が取立委任裏書としての効力を有するにすぎない（手77条1項1号・19条1項ただし書）。この場合における被裏書人は，質権者の代理人としての地位を有するにすぎない。

(ii)　手形抗弁

　被裏書人が手形上の権利を行使する場合，被裏書人は手形上の権利行使に関して独立の経済的利益を有する者であるから，手形債務者が裏書人（質権設定者）に対して有した人的抗弁は切断され，被裏書人が債務者を害することを知って取得したものではない限り，被裏書人に対抗することはできない（手77条1項1号・19条2項）。

(iii)　資格授与的効力

　質入裏書の被裏書人は，質権取得に対応した形式的資格を取得する。したがって，裏書の連続する手形を所持する限り，当然に質権者としての資格が認められ，実質的権利を証明することなく手形上の権利を行使することができる。また，手形債務者もその形式的資格を信じて支払をする場合には免責される（手77条1項3号・40条3項）。

　質入裏書の被裏書人は，質権者としての固有の経済的利益を有する者であるから，たとえ前者が無権利者であったとしても，前者の裏書の連続による権利推定効を信頼して手形を取得した場合には，質権の善意取得をする（手77条1項1号・16条2項）。

(iv)　担保的効力

　担保的効力の有無については争いがあるが，質入裏書人は手形金が満期に支払われて優先弁済に充てられることを担保するものとみて，手形が不渡りになった場合には，質入裏書人は担保責任を負担すると解されている（通説）。

⑷　隠れた質入裏書

　質入の目的で通常の譲渡裏書をすることを隠れた質入裏書という。公然の質入裏書は実際にはほとんど行われないが，隠れた質入裏書は，しばしば行われている。その実体は手形の譲渡担保であり，その法的性質は手形の信託的譲渡であると解されている。すなわち，隠れた質入裏書は，手形関係上は完全な譲渡裏書であり，質権設定付与の目的は，裏書当事者間における手形外の人的関係にすぎないと解されている。

　隠れた質入裏書は，債権担保のために通常の譲渡裏書が行われ，手形上の権利が被裏書人に移転するものであり，かつ，被裏書人は，手形上の権利につき担保権者としての独立の経済的利益を有しているので，裏書の有するすべての効力が認められる。したがって，被裏書人は，善意取得，人的抗弁の切断の保護を受けることになる。

第5章　手形上の権利の請求とその効果

1　満期の意義とサイト

　手形所持人は，手形が満期になったときに，振出人に対して手形を呈示し，手形金額の支払を請求することができる。

　満期（支払期日）とは，手形金額が支払われる日として手形上に記載された日のことである。手形法上，満期の表示は必要的記載事項とされ，①一覧払，②一覧後定期払，③日付後定期払，④確定日払，の４つの種類が定められている（手77条１項２号・33条１項各号）。実務では，約束手形のほとんどが確定日払とされている。

　①は，支払のための呈示のあった日を満期とするものである。なお，振出人が呈示期間を定めていない場合には１年以内となる（手77条１項２号・34条１項）。②は，手形所持人が，一覧のために手形を呈示した日から，手形に記載された一定の期間を経過した末日（たとえば一覧後10日払など）を満期とするものである。③は，振出の日付から，手形に記載された一定の期間の末日（たとえば日付後100日など）を満期とするものである。④は，特定の日（たとえば令和 x 年６月１日など）を満期とするものである。

　また，手形が振り出されてから支払われるまでの期間を経済用語でサイトといい，商取引の裏付けがある商業手形の場合，通常は３か月程度である。なお，約束手形の満期が確定日払の時に振出日を白地とする場合は，長いサイトを隠すためである。

2　呈示証券，支払呈示

　手形所持人は，手形金額の支払を受けるためには振出人に手形を呈示しなければならない（呈示証券性，手77条１項３号・38条１項，民520条の９）。

　手形金額の支払を請求するための呈示（支払呈示）にあたっては，支払呈示がなされるべき期間（支払呈示期間：手77条１項３号・38条１項・77条１項２号・34条１項）内に支払をなすべき場所（支払地）において，手形所持人またはその代理人は，主たる債務者に対して手形金額の支払を求めて手形を呈示することが求められる。支

払呈示期間とは，①満期が一覧後定期払，日付後定期払，確定日払の場合には支払を
なすべき日とそれに続く2取引日の計3日間（満期日が休日である場合には，休日明
けの初日が支払期日の初日）であり，②満期が一覧払の場合には呈示の時が支払うべ
き時となり，この場合の呈示期間は原則的に振出日から1年間である。なお，手形法
における休日とは，祭日・祝日・日曜日・その他の一般の休日および土曜日・12月31
日をいう（手87条，手形法第八十七条及び小切手法第七十五条の規定による休日を定
める政令）。

【支払呈示期間】

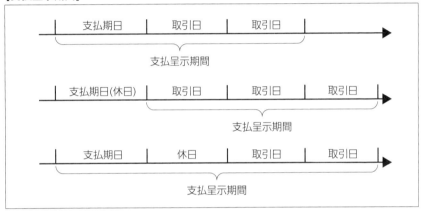

　なお，手形所持人は，支払呈示期間内に呈示しなくとも，満期後3年を経過して手
形上の権利が時効消滅するまで（手78条1項・77条1項8号・70条1項）は振出人に
対して呈示をし，手形金額の支払を請求することができる。この場合の呈示を請求呈
示といい，手形債務者は呈示の時から遅滞に付されることになる。そのため，手形所
持人は支払に至るまでの遅延損害金の支払を手形債務者に請求することができる（最
判昭和55年3月27日判時970号169頁）。
　支払呈示は，原則として，支払地における債務者の現在の住所（営業所）でなされ
ることになる（民520条の8）が，支払をなすべき者として取引銀行が支払場所に指
定されている場合（第三者方払手形）には当該第三者方にてなされる。実際には，手
形所持人は自身の取引銀行に手形金の取立を委任し，当該取立によって得られた資金
が取引銀行内にある手形所持人自身の当座預金口座に振り込まれる。もっとも，手形
所持人と手形債務者との間に第三者方払とは異なる合意があれば，支払場所を変更す
ることができる（大判昭和15年1月29日民集19巻69頁）。
　支払場所の記載は支払呈示期間内においてのみ効力を有するため，支払呈示期間経

過後は支払地内における振出人の営業所または住所に呈示することが必要となり，支払場所にて手形を呈示しても手形債務者を遅滞に付すことはできない（最判昭和42年11月8日民集21巻9号2300頁〔百選67事件〕）。

　ただ，この見解によると，手形債務者がいつまでも支払銀行の当座預金口座に決済用の資金を入金しておかなければならず，肝心の資金運用・取引活動に支障をきたすおそれが生じかねない。そこで学説は，呈示期間経過後は支払地の記載も効力を失うことから，支払地の内外を問わずに手形債務者の営業所・住所で支払呈示がなされるべきとする（通説）。

　支払呈示期間内に支払呈示がなかった場合，手形所持人は遡求権を失う（手77条1項4号・53条1項）。仮に遡求義務者が手形所持人との間で支払呈示免除の特約をしていた場合には，その有効性が問題となる。ただ，かかる特約について手形法は特に規定しておらず，手形の本質に反するとまではいえないことから，手形外の効力を否定する必要性がないとして，支払呈示免除の特約は手形外の特約として当事者間においては有効とされている（最判昭和34年5月29日民集13巻5号621頁）。

　また，手形所持人は支払呈示期間経過後においても裏書をなすことができるが，かかる裏書は支払拒絶証書作成期間経過後の裏書でもあることになる（期限後裏書・**第4章第7節2**(4)参照）。なお，遡求義務者への請求権は，支払拒絶証書作成義務が免除されている場合は満期から1年，手形金を支払った裏書人の前者の裏書人への再遡求権は，受戻した日または訴えを提起された日から6か月でそれぞれ時効にかかる（手77条1項8号・70条2項3項）。

　支払呈示期間内は，遡求義務者の利益を考慮して手形所持人は一部支払を拒むことができないが，支払呈示期間経過後はかかる配慮の必要がないので，これを拒むことができる（民493条）。

3　請求の効力（付遅滞効，遡求権保全効，時効完成猶予効）

【Case 1】
　振出人をA，裏書人をB，令和 *x* 年9月1日を満期日とする約束手形を有するCは，同約束手形に記載されていた支払場所において呈示をした。

　支払呈示期間内に適法な支払呈示がなされれば手形所持人はそれによって以下に掲げる各種効果を享受することができる。具体的には，①主たる債務者（約束手形では振出人）を遅滞に付す効力（付遅滞効：手78条1項・28条2項・48条・49条，民520条の9），②裏書人に対する遡求権の保全・行使のために必要な効力（遡求権保全効：手77条1項4号・43条），③時効の未完成・催告に必要な効力（時効完成猶予効：民

147条）である。

　まず①は，手形所持人が手形を呈示したときから履行遅滞の効果が発生するというものである。そのため，適法に支払呈示をしたにもかかわらず振出人が支払を拒絶した場合には，手形所持人は手形金額に満期日以降の利息（法定利率による）を付加して請求することができる（手77条1項4号・48条1項2号）。なお，裁判上，手形金額の支払を請求する場合は，手形所持人による支払呈示がなくとも，裁判所による支払命令の送達によって債務者を遅滞に付すことができる（最判昭和30年2月1日民集9巻2号139頁）。

　【Case 1】における約束手形の満期日は確定日払として設定されているため，Aが本章2において述べた支払呈示期間内に適法な支払呈示をしていれば，振出人による支払拒絶は履行遅滞をもたらすこととなる。

　次に②は，手形所持人が適法に支払呈示をしたにもかかわらず振出人にその支払を拒絶された場合に，支払呈示期間内に支払拒絶証書を作成すれば，手形所持人に遡求権の行使が認められるというものである。これは，振出人の支払拒絶によって手形所持人の振出人に対する権利行使の機会が失われることから認められた効力である。そのため，手形所持人は支払呈示期間内に支払呈示をし，遡求権保全手続をとらなければ遡求義務者に対する遡求権を失うことになる（手77条1項4号・53条1項2項）。なお実務上は，金銭的コスト（証書作成費用）の削減のため，支払拒絶証書の作成を免除（手77条1項4号・46条）するのが通常であり，その場合は支払拒絶証書を作成せずに遡求権を行使することができる（手77条1項4号・44条4項）。

　【Case 1】において，Aが支払拒絶をした場合，Cの所持する手形に拒絶証書作成不要文句がない限り，拒絶証書を作成しなければBに対して遡求権を行使することはできない。

　なお，裁判上の手形金請求において，①および②の効力を発生させるために手形の支払呈示を必要とするのかにつき，判例は，①を発生させるために支払呈示は必要ないとするが（最判昭和30年2月1日民集9巻2号139頁），②を発生させるためには現実の支払呈示が必要であるとしている（最判平成5年10月22日民集47巻8号5136頁〔百選68事件〕）。

　そして③は，手形所持人の支払呈示によって，手形所持人による権利行使の意思が確定的になることによって生じる効力である。支払呈示によって時効の完成が猶予されると消滅時効期間はリセット（更新）されることとなるが，時効完成猶予のための請求には手形の呈示自体は不要とされる（最大判昭和38年1月30日民集17巻1号99頁〔百選76事件〕）。なお，手形債権の時効完成猶予・更新に関しては一般法である民法が適用される（民147条）。

　では，【Case 1】において，Ｃの有する約束手形の振出日欄が白地で，その白地部分を補充しないまま満期日にＡに対して支払のためその手形を呈示した場合，その呈示はどのような効力を有するのであろうか。

　原因関係上の債務額や弁済期が決まっていない段階で約束手形を振り出す場合に，それら項目を記載せずに白地にした手形（白地手形）を交付し，後にそれらが確定した時にかかる白地部分を補充することがある。白地手形については，商慣習を手形法に取り込み（大判大正10年10月１日民録27輯1686頁参照），手形要件の全部または一部が将来補充されることを前提として空欄のままにしておくことが認められている。したがって，【Case 1】のように振出日を空欄にしたまま振り出すこと自体は問題とならない（手77条２項・10条参照）。問題となるのは，白地手形を振り出す段階でなした当事者間の合意と異なる補充が白地部分になされた場合の取扱いである（白地手形の不当補充については**第8章第3節4**参照）。

　【Case 1】において，振出日を空欄として振り出した白地手形自体は有効であるとして，支払呈示段階においてもかかる白地部分を補充することなく呈示した場合，かかる呈示はどのような効力を有するのであろうか。

　前述したとおり，白地手形の存在が認められている理由は，白地部分が将来補充され，完成手形になるからである。そのため，白地手形のまま支払のための呈示をしても，支払のための呈示の効力を有しない（最判昭和41年10月13日民集20巻８号1632頁〔百選39事件〕）。したがって，有効な支払呈示のためには，完成した手形を呈示することが必要であり，白地手形を未補充のまま呈示した場合には，有効な支払呈示にはならず，支払呈示の効果は生じない。

　なお，受取人白地手形で振出日白地の確定日払手形の場合，銀行実務では当座勘定規定で「小切手もしくは確定日払の手形で振出日の記載のないものまたは手形で受取人の記載のないものが呈示されたときは，その都度連絡することなく支払うことができるものとします。この取扱いによって生じた損害については，当行は責任を負いません。」などと定めており，支払がなされている。そのため，手形所持人が手形交換によって手形金を取り立てることができなかったときに訴求権の保全が問題となる。その場合，白地手形のままでの権利行使は認められないものの，手形が白地のままでなされた訴訟提起には時効完成猶予の効果が認められる（最判昭和45年11月11日民集24巻12号1876頁）。また，白地手形所持人が口頭弁論終結前に白地補充権を行使できたにもかかわらず，それをせず，手形要件を欠くとされた判決が確定したときは，特段の事情がない限り，後日白地部分を補充しても後の訴訟において手形上の権利の存在を主張することはできないとされる（最判昭和57年３月30日民集36巻３号501頁〔百選45事件〕）。

4　受戻証券

【Case 2】
　振出人であるＡは，約束手形を忘れたとして手元にない手形債権者Ｂから支払請求を受けた。Ａは，すぐに手形現物を持ってくることを条件にＢに対して手形金額を支払ったところ，後日第三者であるＣから裏書人であるとして支払呈示を受けた。

　自宅に忘れるなどして手元に手形のない手形債権者から支払請求を受け，すぐに手形現物を持ってくることを条件に手形債務者が手形金額を支払ったところ，後日第三者から裏書人であるとして支払呈示を受けたなど，状況に応じて手形債務者には二重弁済のリスクがある。そこで，手形債務者が手形金額の支払をするときに，手形債権者である手形所持人に対して手形金額を受領した旨を手形に記載して手形を交付するよう請求することができる（手77条1項3号・39条1項）。このように，証券と引換えでなければ債務者は債務を履行する必要がない性質を持つ証券のことを受戻証券という。【Case 2】のように，手形現物を確認もせずＢに手形金を支払ってしまったＡは迂闊であったといわざるを得まい。

　手形が受戻証券である理由は，①手形債務者の二重弁済リスクを軽減するためと，②手形債務者が手形金額を支払ったという事実を第三者に確認させるべきではないため，である。つまり，手形を受戻証券とすることで，手形債務者（振出人）には手形金額を支払って手形の手元への回収を可能とさせる一方，再度手形が流通してしまった場合には，第三者が取引のたびに調査・確認しなければならないとすると時間的コストなどが余計にかかってしまうため，当該手形債務者（振出人）に責任を負わせることとした。

　なお，手形金額の一部支払も，債務の本旨に反する弁済とはいえないため，手形所持人は受領を拒むことができない（手77条1項3号・39条2項）。この場合，振出人は支払を受けた旨を手形に記載すること，および受取証書を交付することを手形金額受領者に請求することができる（手77条1項3号・39条3項）。

　【Case 2】で掲げた例のように，手形を受け戻さないでなした任意の支払も有効である。そのため，手形所持人の手形債務者に対する手形上の権利だけではなく，手形所持人の裏書人に対する償還請求権も消滅する（福岡高判昭和61年12月25日金判760号8頁など）。

　手形債務の支払が手形を受け戻さずになされ，その後，当該手形が支払事実を知らない第三者に渡った場合，振出人は支払済みであるとして当該第三者に対して支払を

拒むことはできない。

その理由については，①手形債務は支払によって消滅するものの，善意の第三者は権利外観理論により保護されるとする見解，②支払によって手形債務は消滅するが，この消滅は手形債務者と支払を受けた者との間でのみ主張することができる人的抗弁であるとする見解，③手形を受け戻さない限り権利の外観が手形所持人に残るため手形上の権利自体は消滅しないが，当事者間に手形金額を給付したという人的抗弁が生ずるとする見解，などに分かれているところ，判例・多数説は①の見解に立つ（大判明治39年 5 月15日民録12輯750頁）。

つまり①の見解は，手形の受戻のない支払を手形当事者間の手形外の支払と解し，手形の受戻を手形金の支払の効力要件と解している。そのため，手形を受け戻さなくとも支払自体の効力は生じると解されることから，遡求に応じて支払をした裏書人は，手形を受け戻さなかったとしても支払によって効力は生じ，遡求義務に基づく支払の効果として手形債権を承継取得することとなる。

5　支払猶予と手形書替

【Case 3】

　Aは，従業員への給与の支払などを理由に，翌月末を満期とする約束手形の手形金支払が困難な状況にある。Aはすでに先月，別の約束手形につき同様の理由で不渡りを出していた。

　なお，当該約束手形は受取人Bによる裏書譲渡を経て，Cが手形を所持していた。

約束手形の振出人が，不渡りを 6 か月以内に二度出してしまうと銀行取引停止処分（手形交換所加盟銀行と 2 年間当座勘定および貸出取引の停止処分）となり，支払停止（最判昭和60年 2 月14日集民144号109頁）となって事実上の倒産状態になる。約束手形の振出人が満期に手形金の支払をしなければならないことは言うまでもないが，銀行取引停止処分とその先の倒産という事態を回避するため，約束手形の振出人が手形の所持人との間で支払猶予の合意をすることがある。支払猶予の方法には，①手形当事者間で支払猶予の合意をする方法，②約束手形の満期日を変更する方法，③手形の書替による方法がある。

①は，通常，手形の振出人・所持人間でなされるが，通常，他に裏書人などの手形債務者がいる場合には，その者も含めて合意が形成されることとなる。かかる合意は合意を形成した者の間でしか効力を発生させない，換言すれば当事者間の人的抗弁を構成するだけであるため，仮に振出人・所持人の間でのみ合意を形成した場合，他の

手形債権者に直接影響を及ぼすことはない。【Case 3】の場合に支払猶予の合意形成がA・B・C間でなされていたとすると，CはAに対して支払延期の合意によって設定された新たな支払期日までAに対して支払請求をすることはできない。そのため，合意形成の段階ですでにCが取引銀行に対して取立委任をしている場合には取り消さねばならず，また，Aが支払委託をしているときは取引銀行に対して取り消すことができる。

　②は，旧手形を利用した新手形の振出であり（手形関係者全員の同意があれば満期の変更もなしうるとする見解も存在する），合意した当事者間では満期の変更になる。そのため，手形所持人が満期日の変更後に第三者に譲渡したとしても，振出人は満期日の変更につきかかる第三者に対抗することができる。ただ，支払猶予の合意に関与しなかった手形当事者との関係では手形の変造になるため，満期日変更前の裏書人に対しては満期日変更前の満期日記載内容が適用される（手77条1項7号・69条）。したがって，手形所持人が裏書人に対する遡求権を保全するためには変更前の満期日において振出人に対して支払呈示をする必要がある。拒絶証書の作成が不要とされていない場合，手形所持人は遡求権保全のため，①と同様に拒絶証書を作成しなければならない。

　【Case 3】の場合に満期日の変更がA・B・C間での合意に基づきなされていたとすると，①の場合と同様に，CはAに対して満期日変更の合意によって設定された新たな満期日までAに対して支払請求をすることができない。一方，Cがそのような合意形成に関わっておらず，また，満期日変更前に裏書譲渡によって手形を取得していた場合は，Aに対して満期日変更前の文言に従って支払請求をすることができる。

　③は，振出人が支払の延期のために手形を書き替えて新たな手形（切替手形）を振り出す方法である。手形書替は，旧手形を回収して書き替えた手形を新たに振り出す場合と，旧手形が回収されないまま書き替えた手形が振り出される場合の2つに分けることができる。

　まず，旧手形が回収される場合は，通説によれば手形書替は新手形による旧手形債務の代物弁済であるとされ，かかる行為により旧手形債務は消滅する。旧手形と新手形との実質的同一性を根拠に，旧手形の手形債権について設定されている担保や保証は新手形に引き継がれる。【Case 3】の場合，Cの所持している約束手形は新手形と取り換えられることとなる。

　次に，旧手形が回収されない場合は，新旧両手形が併存的に効力を有することとなる。手形債務者は新旧片方の支払をすればよく（最判昭和54年10月12日判時946号105頁〔百選71事件〕），支払時にもう片方の手形の返還を請求することができる。また，手形所持人が新手形の満期以前に旧手形を行使した場合，振出人は支払延期の抗弁を

提出することができる。ただし，手形所持人が第三者に譲渡した場合，善意の第三取得者は人的抗弁が切断されるため（手77条1項1号・17条）保護されることとなる。【Case 3】の場合，Cがさらに裏書譲渡によって手形書替につき善意のDに譲渡したとすると，旧手形に基づくDからの支払請求に対しAは拒むことができない。なお，旧手形の所持人は支払呈示期間内に支払呈示をしなくても，支払呈示があったものとみなされる。そのため，支払拒絶証書を作成することで，旧手形上の遡求権を保全することができる。

6 支払と善意免責

> 【Case 4】
> AはBに対して約束手形を振り出したものの，後日，同手形はCによって盗まれた。Cは，あたかもB・C間で裏書譲渡がなされているかのように手形を偽造した上で，Dに対してさらに裏書譲渡した。

　手形所持人から支払呈示を受けた場合，振出人は手形所持人に対して手形金額を支払わなければならない。ただ，当該手形は流通過程において真の手形所持人から盗取されたものであったなど，支払呈示を行った手形所持人が手形上の権利者ではない可能性もある。本来このようなリスクを回避するためには，手形金額を支払う振出人は手形所持人が手形上の権利者であるかどうかを調査しなければならないところ，詳細な調査義務を振出人に課してしまうとかえって手形金額の支払に時間がかかるなど，手形制度全体の迅速性を阻害してしまう。そこで，手形法は，たとえ振出人が正当な手形上の権利者ではない者に手形金額を支払ったとしても，当該人物が正当な手形所持人としての外観を有していた場合には当該支払は有効な弁済であるとして，振出人は免責されるとした（支払免責）。

　具体的には，振出人は悪意または重大な過失がない限り責任を免れること，そして，その者には裏書の連続の成否を調査する義務はあるものの裏書人の署名を調査する義務はない，と規定している（手77条1項3号・40条3項）。

　裏書の連続する手形の所持人は適法な手形所持人と推定される（手16条）ところ，振出人が支払を拒絶するには手形所持人が無権利であることにつき立証する必要がある。振出人は手形の流通段階で任意に手形を譲り受けたわけではなく主たる債務者として手形金額の支払を義務づけられている。そのため，ここでいう「悪意または重大な過失」につき，振出人が手形所持人の無権利を知っているだけで悪意とされ，免責されないと解釈してしまうと，振出人は債務不履行責任のほか，敗訴した際の訴訟費用等の負担という危険にも晒されることになり，酷となってしまう。

　そこで，手形法40条3項の「悪意」については，単に手形所持人の無権利を知っているだけではなく，無権利を容易に証明して支払を拒めるのにあえてその支払をした場合をいい，また，「重大なる過失」についても，わずかな注意を払えば証拠方法を入手しえたのに不注意にも支払をした場合とする。判例も，単純な了知あるいは了知なきことに関わる重過失ではなく，証拠方法に関する了知あるいは了知なきことに関わる重過失を意味するものとしている（最判昭和44年9月12日判時572号69頁〔百選70事件〕）。

　【Case 4】の場合，DのAに対する支払請求が認められるためには，Dが手形上の権利を善意取得していなければならない。

　なお，銀行が支払場所になっている手形は，そのほとんどが手形交換の方法で決済されているため，代理権の有無等で問題が生ずる余地は少ない。

第6章　抗弁による対抗

第1節　抗弁の意義

1　手形抗弁の意義

(1)　手形抗弁の意義

　手形抗弁とは，手形金の請求を受けた者（被請求者）が，その請求を拒むために，請求者に対して主張することができる一切の事由をいう。

　債権譲渡の一般原則によると，債務者は譲渡人に対して生じた抗弁事由をもって譲受人に対抗しうるのが原則であるが（民468条1項。抗弁承継の原則），それでは流通証券である手形の取引安全が害されることになってしまう。そこで，法は，手形法固有の取得による取得者を保護するために手形抗弁をできるだけ制限しようとしている。

　手形法は，手形抗弁については，17条で「所持人ノ前者ニ対スル人的関係ニ基ク抗弁」は「債務者ヲ害スルコトヲ」知らないで手形を取得した場合に切断（制限）されることを定めるのみであり，人的関係の基づく抗弁が何であるか，またそれ以外にも手形抗弁があるか等については何も規定していないので，解釈によって手形抗弁の内容を明らかにする必要がある。

　一般に，手形抗弁は，抗弁を主張することができる相手方の範囲（人的範囲）によって，物的抗弁と人的抗弁とに2分して説明されてきた。

① 「物的抗弁」とは，被請求者が，すべての手形所持人に主張できる抗弁をいう。すなわち，手形所持人の善意・悪意を問わず，手形により請求を受ける者がすべての手形所持人に対して主張することができる抗弁である。

② 「人的抗弁」とは，被請求者が，特定の手形所持人に対してのみ主張できる抗弁をいう。すなわち，特定の請求者（手形所持人）に対してのみ主張することができる抗弁である。

　もっとも，具体的にどのような抗弁が物的抗弁事由であり，人的抗弁事由であるかについては，手形法に定めがないので，手形の流通保護と手形債務者の保護の利益衡

量に基づいて，解釈によって決めなければならないことになる。

(2)　民事訴訟における抗弁との違い

手形抗弁は，訴訟上の抗弁とは概念を異にするものであり，抗弁の種類でいえば実体法上の抗弁に属するものである。訴訟上の抗弁は，原告の請求原因によって発生すべき権利または法律関係の，発生障害・消滅もしくは阻止の事由となる事実，すなわち，被告に主張立証責任がある事実の主張である。

これに対し，手形抗弁は，訴訟上の主張立証責任とは区別された概念である。手形抗弁の多くは，訴訟上の抗弁として性質を有するが，否認の性質を有するものもある。たとえば，「手形行為をしたこと」「手形要件が具備されていること」「裏書が連続していること」は，手形金を請求する者が主張立証しなければならない事実であるから，偽造の抗弁，手形要件を欠くとの抗弁，裏書が連続していない旨の抗弁は，訴訟上の抗弁ではなく，請求原因事実に対する否認の性質を有するものである。

2　物的抗弁と人的抗弁

(1)　物的抗弁

上記のとおり，物的抗弁とは，被請求者がすべての所持人に対し，その善意・悪意にかかわらず主張することができる抗弁をいう。物的抗弁を広く認めるときは手形の流通を阻害することになるので，限定的に認められるべきであるとされる。通常，次のものが物的抗弁とされている。

①　手形上の記載に基づく抗弁

まず，すべての手形債務者がすべての所持人に対して主張できる物的抗弁がある。手形上の記載に基づく抗弁は，物的抗弁に属すると解されている。なぜなら，手形上に記載されている事実については，手形取得者は容易に知ることができるので，物的抗弁としても手形取引の安全を不当に害することはないからである。具体的には，①手形要件の欠缺（手2条1項・76条1項），②満期の未到来，③無担保文句（手77条1項1号・15条1項），④呈示場所が記載された支払場所と異なること，⑤手形に記載された支払済（手77条1項3号・39条1項）・一部支払済（手77条1項3号・39条3項）・相殺・免除，などがこれに属する。

②　手形上の権利の不成立・変更・消滅に関する抗弁

次に，特定の手形債務者がすべての所持人に対して主張できる物的抗弁がある。手形上の権利の不成立・変更・消滅に関する抗弁で，証券の記載上明白ではないが，一定の法律制度の趣旨から物的抗弁事由とされるものがこれに当たる。具体的には，①意思能力の欠缺・制限行為能力による無効ないし取消し，②供託による手形債務の消

滅（手77条１項３号・42条），③除権決定による手形の失効，④時効による手形債務の消滅（手77条１項８号・70条），などがこれに当たる。

③　物的抗弁か人的抗弁かについて判例・学説上争いのあるもの

　従来は，手形行為が有効に成立していないことは物的抗弁事由であると解されていた。しかし，近時は，手形流通保護のため，ある場合には人的抗弁事由であると解釈されるようになってきている。たとえば，偽造，無権代理は，原則として物的抗弁事由であるが，被偽造者や本人が，権利外観理論などの適用により，善意の第三者に対して対抗を制約される場合には，人的抗弁事由として扱われるようになってきている。

(2)　人的抗弁

　上記のとおり，人的抗弁（広義）とは，手形債務者が特定の手形所持人に対してのみ主張できるにすぎない手形抗弁である。現在では，この広義の人的抗弁には，手形法77条１項１号・17条にいう人的関係に基づく抗弁（狭義の人的抗弁）だけでなく，手形行為が有効に成立していないという「手形行為の不成立に関する抗弁」および手形所持人が無権利であるという「無権利の抗弁」も含まれると解されている。

　特に，次に説明する近時の有力な見解（新抗弁理論）によれば，人的抗弁（広義）は，①狭義の人的抗弁（手17条ただし書の「悪意の抗弁」），②有効性の抗弁，③無権利の抗弁の３つのものを含むものと理解されている。

3　有効性の抗弁（手17条が予定していない人的抗弁）

(1)　有効性の抗弁とは

　近時の有力な見解は，「有効性の抗弁」（手形債務の有効性に関する抗弁）という人的抗弁を認めている。有効性の抗弁とは，被請求者が自己の手形債務が有効に成立（ないし存続）していないことを争う抗弁である。この有効性の抗弁を認める見解は「新抗弁理論」とよばれている。新抗弁理論は，被請求者が自己の手形債務が有効に成立していないことを争う旨の有効性の抗弁に関しては，手形法17条の要件（債務者ヲ害スルコトヲ知リテ）とは別個の要件（悪意・重過失）を要求する。すなわち，有効性に関する抗弁は，取得者の悪意・重過失によって切断される抗弁，すなわち，権利外観理論によって切断（制限）される抗弁であり，直ちにその法的効果を決定することができないため，それを一律に物的抗弁とも人的抗弁とも分類することはできないという特色を有している。

　もっとも，新抗弁論者も，証券上明白なものは手形債務の成立，存続に関するものでもこの範疇に含めず，物的抗弁とする。すなわち，上記で述べた，手形要件の欠缺，無担保文句の記載，手形に記載された一部支払済・相殺・免除，権利保全手続の欠缺，

時効による債務の消滅などは，物的抗弁とする。

(2)　有効性の抗弁と悪意の抗弁（手17条ただし書）との区別

　新抗弁論者の多くは，交付欠缺の抗弁，手形行為自体についての意思表示の瑕疵・欠缺があることを争う抗弁，無権代理の抗弁，偽造の抗弁，変造の抗弁，は，手形法17条により切断（制限）される狭義の人的抗弁とは区別された有効性の抗弁であると解している（争いがあるものとして，制限行為能力の抗弁，公序良俗・強行規定違反の抗弁）。そして，被請求者に帰責原因があると認められる場合には，悪意・重過失なく有効に手形債務が成立しているものと信じて取得した者に対しては，被請求者は権利外観理論に基づき手形上の責任を負うと解している。この見解によれば，白地手形における不当補充の抗弁も，この類型に属するが，これについては手形法10条によって処理されると説明されている。

4　無権利の抗弁と一般悪意の抗弁

　(1)　「無権利の抗弁」とは，所持人が権利者ではないとの抗弁であり，他の人的抗弁とは異なり，特定の者（無権利者）に対しては，すべての債務者が対抗できる点に特色がある。手形取得原因が盗取，拾得である者や，それらの者から悪意・重過失で取得した者は無権利者である。

　無因論（通説）では，原因関係が消滅しても，所持人は無権利者にならない点に注意が必要である。これに対し，手形権利移転行為有因論では，上記の他に，原因関係が消滅すれば，所持人は無権利者となるので，この無権利の抗弁を主張しうることになる。

　(2)　悪意の抗弁（手77条1項1号・17条ただし書）と区別されるものに，「一般悪意の抗弁」がある。これは，所持人の権利行使が信義則に反し，あるいは権利濫用と解されるような場合に，所持人の請求を拒むために債務者が主張する抗弁をいう。民法上の一般条項（民1条2項3項）により認められる手形抗弁であり，安易に認められるべきではないが，所持人が手形の無因性を濫用するような場合には認められるべきである。

　なお，人的抗弁（広義）のうち，手形法17条ただし書の「悪意の抗弁」については，本章第2節で詳しく説明する。

第2節　人的抗弁の切断

1　はじめに

第1節で述べたように，「広義の人的抗弁」（被請求者が特定の手形所持人に対してのみ対抗できる抗弁）に何が含まれるかについては，判例・学説上の争いがある。ただ，広義の人的抗弁に，手形法17条ただし書にいう人的関係に基づく抗弁（狭義の人的抗弁）が含まれることについては，異論がない。そこで，本講では，手形法17条ただし書にいう人的関係に基づく抗弁（狭義の人的抗弁）について説明する。

2　手形法17条の基本構造

(1)　手形法17条の規定する内容

手形法17条は，「手形ニ依リ請求を受ケタル者ハ…所持人ノ前者ニ対スル人的関係ニ基ク抗弁ヲ以テ所持人ニ対抗スルコトヲ得ズ」（本文）としつつ，「但シ所持人ガ其ノ債務者ヲ害スルコトヲ知リテ手形ヲ取得シタルトキハ此ノ限ニ在ラズ」（ただし書）と規定する。

これは，たとえば，手形がA（振出人）→B（受取人・裏書人）→C（所持人・被裏書人）と転々流通した場合，①債務者Aは，請求者Cから手形金の支払を請求されたときに，AがCの前者であるBに対し主張できる人的抗弁をもってCに対抗できないのが原則であるが，②例外的に，CがAを害することを知って手形を取得したときには，AはBに対し対抗できる抗弁を主張してCの請求を拒むことができることを定めたものである。それゆえ，手形法17条に関しては，①AがBに対して対抗できる抗弁を，Aは，原則としてCには対抗できないというのは，どのような理由ないし法理によるのか（人的抗弁切断（制限）の法則），②取得者が害することを知って取得したときに対抗できる「悪意の抗弁」は，どのような場合に認められるのか（「害スルコトヲ知リテ」の意義），が問題となる。

(2)　人的抗弁と直接の当事者

①　手形授受の当事者間では，債務者はその原因関係上の抗弁事由を主張して手形金請求を拒むことができるという結論には異論がない（最判昭和39年1月23日民集18巻1号37頁は，原因関係の当事者間では債務者は手形金の支払を拒みうるとする）。なぜなら，手形授受の当事者間においては，手形上の権利は原因関係上の債権債務の支払手段にすぎないので，もし原因関係上の債権債務につき，何らかの抗弁が存在し，

そのために結局支払を要しない場合には，手形上の債権債務はこれを支払うべき目的を失うからである。

　したがって，(i)当事者間の特約に基づく抗弁（手形債務の負担しない特約。たとえば，見せ手形），(ii)原因関係の不存在・無効・消滅の抗弁（当事者間において原因関係が不存在・無効・取消しや解除によって消滅したとの抗弁），(iii)対価不交付の抗弁，(iv)同時履行の抗弁，(v)反対債権を有するのでそれと相殺するとの抗弁などは，当事者間では当然に対抗できるとされる。

　②　問題なのは，それを手形の無因性との関係でどのように説明するかである。手形の無因性を強調した場合には，たとえ当事者間であっても，原因関係の無効などを手形法上は主張できないと解するのが筋論だからである。通説は，次のように説明する。

　(i)　手形授受の当事者間でも無因性は認められるが，手形所持人が実質的には原因関係に基づいて利益を得ることができない正当な経済的利益を有しない者である場合には，かような者に権利行使を認めたとしても，それは不当利得となって最終的には吐き出さなければことになる。手形を所持しているからといって，そのような者に権利行使を認めるのは迂遠である。そこで，当事者間においては手形の無因性を主張させる理由はないので，手形上の権利行使に対しても原因関係上の抗弁を対抗できると解すべきである。言い換えると，手形債務を履行しても，債務者がその給付を不当利得として返還請求しうる場合には，不当利得による履行拒絶権が認められるべきであるので，手形授受の当事者間では，債務者はその原因関係上の抗弁事由を主張して手形金請求を拒むことができると解すべきである。

　(ii)　ほぼ同じ内容と思われるが，手形上の債権債務は原因関係上の債権債務の実現という目的に奉仕する手段にすぎないので，原因関係が欠けると手形上の権利義務の実現につき実体的裏付けを欠く，という説明もある。原因関係上の債権者債務者間においては手形上の権利は支払の手段にすぎないので，債務者が手形授受の原因関係上の債権の支払を要しないときは，そのことをもって手形金の支払を拒む抗弁とすることができる，という理由づけである。

　③　そして，直接の当事者か間接の当事者かは，手形上の記載に従ってではなく，現実の手形の移転経路に基づいて決せられる。

　多くの場合，手形面の記載と現実の移転経路とは一致するが，両者が一致しない場合も少なくない。受取人白地手形や白地式裏書のある手形が，単なる交付によって譲渡された場合には，不一致が生ずる。たとえば，Yが受取人白地手形を，売買代金支払のためAに振出交付し，Aがこれを単なる交付によりXに譲渡し，Xが自己の名で

受取人欄を補充してYに請求した事案では，現実の手形の流通経路に照らして，Yと
Xは間接の当事者と判示された（広島高岡山支判昭和30年12月26日高民8巻10号754
頁，同旨，最判昭和49年12月19日金法746巻26頁）。

(3)　人的抗弁の個別性

　各手形債務者は，自己の有する抗弁のみを主張することができ，他の手形債務者の
有する抗弁を援用して権利行使を拒むことはできない。これを人的抗弁の個別性とい
う。これは，各手形行為は各々が独立の行為であると解されること，特に手形法17条
の抗弁の場合には，人的関係に基づくものなので，人的関係を有しない者に主張させ
る必要はないことから認められる原則である。人的抗弁の個別性は，主張する側が，
自己の有している抗弁した対抗することができないという問題である。

　たとえば，手形がA→B→Cと転々流通した場合，①Bは，AがCに対して有して
いる抗弁をもって，遡求義務を拒むことはできないし，②Aは，BがCに対して有し
ている人的抗弁をもって対抗することはできない。

3　人的抗弁切断（制限）の法則

(1)　人的抗弁切断（制限）の法則の意義

　手形取得者は，債務者が取得者の前者に対して有する人的関係に基づく抗弁をもっ
て対抗されないとの法則（手77条1項1号・17条本文）を，「人的抗弁切断（または
制限）の法則」という。

　債権譲渡の一般原則によれば，債務者は，譲渡人に対して対抗できる抗弁をすべて
譲受人に対抗できるはずである（民468条1項）。しかし，この抗弁承継の原則を手形
債権の譲渡にも適用すると，転々流通することを予定する手形の場合には抗弁をもっ
て対抗される可能性が高くなり，手形制度の趣旨に反することになる。そこで，17条
は，手形の流通促進を図るために，民法における債権譲渡の一般原則を修正し，前者
間における人的抗弁は，原則として第三者に対抗できないものとした（手77条1項1
号・17条本文）。

　しかし，この人的抗弁の制限は，あくまでも手形の流通促進，取引の安全のための
ものだから，手形取引の安全を図る必要のない取得者，すなわち，要保護性のない悪
意の所持人に対してはこの人的抗弁を対抗できると考えても支障がない。そこで，悪
意の所持人は，人的抗弁切断という利益を享受できないとしている（手77条1項1
号・17条ただし書）。

(2)　人的抗弁切断（制限）の法則の理論的根拠

　手形法17条が定める人的抗弁切断の法理を法律的にどう説明するかについては学説上，争いがある。ポイントは，裏書譲渡によって，①手形外の人的抗弁も承継（移転）すると考えるか（通説），それとも，②承継（移転）しないと考えるか（属人性説）という点にある。この実益は，後で述べる「善意者介在後の悪意者」，「戻裏書と人的抗弁」という論点において出てくることになる。

①　通説（権利外観理論）

　これは，裏書譲渡によって，手形上の権利と共に，手形外の人的抗弁も付随して移転（承継）することを前提とする見解である。通説は，裏書譲渡は手形債権の譲渡であり，手形外の人的抗弁も債権に付随（付着）して譲受人に承継されるのが本則であるが，これを認めたのでは，手形の流通性を害するので，手形法17条は，本来ならば譲受人に承継されるはずの抗弁が善意者に対する関係で切断（制限）されることを政策的に定めた規定と解した上で，抗弁切断（制限）を権利外観理論によって基礎づける。

　すなわち，一方で，取得者は債務者と自己の前者たちの間にどのような抗弁が存在するかを調査することができないし，他方では，債務者は未知の者の間を転々流通する手形につき債務を負担したのであって証券の記載通りの手形債権が存在するとの外観を有責的に作出したのであるから，取得者が外観に従った権利を取得できると信頼した限り，手形自体から不明な抗弁を主張できないものとする必要があるので，人的抗弁を切断した，と説くのである。すなわち，手形債務者には，証券の記載通りの手形債権が存在するという外観を作出したことに帰責性があると説明する。

②　属人性説

　これは，裏書譲渡によって，手形外の人的抗弁は承継（移転）されないことを前提とする見解である。人的抗弁を属人的に捉えるところから，［人的抗弁の］属人性説と呼ばれている。属人性説は，手形債権は，文言によって確定された内容の権利として無因的に発生するものであり（抽象債権説），他方，手形外の人的抗弁は手形債権とは切り離されたものであって，特定の所持人のもとで成立すると考える。これによれば，手形の裏書によって移転するのは，手形債権だけであって，手形外の人的抗弁は被裏書人に承継されないことになる。したがって，手形債務者が，裏書人に対し主張できる何らかの人的抗弁があっても，それをもって被裏書人に対抗できないのは当然であると解することになる。

　この見解によれば，手形法17条ただし書の悪意の抗弁は，①「手形債務者と所持人との手形外の関係に基づき」，あるいは②「債務者を害することを知って取得したというその所持人の取得事情に基づいて」，「特定の所持人のもとで発生」するものと説

明することになる。

(3)　人的抗弁切断（制限）制度の適用範囲（手17条の保護を受けないケース）

上記のように，通説的見解によれば，手形法17条は，手形の流通促進のため政策的に人的関係に基づく抗弁を要保護性のある善意の第三者に対抗できないと定めた制度である。したがって，手形流通の促進を図る必要性のない場合，手形所持人の保護を図る必要がない場合（むしろ手形債務者の利益を優先すべき場合）には，人的関係に基づく抗弁を第三者に対抗できるとしてもよいはずである。法文上，あるいは解釈上，次の場合には人的抗弁の切断の制度は適用されないとされている。

①　手形法的譲渡方法によらない場合

たとえば，指図禁止手形や指名債権譲渡の方式によって手形を取得した場合，相続，会社の合併，競売などによって手形を取得した場合である。これらの場合には，手形流通の促進の必要性が認められないからである。

②　期限後裏書による場合

手形の所持人が，手形本来の予定された流通期間を経過した後に期限後裏書（手77条1項1号・20条1項）によって手形を取得した場合であり，この場合にも手形流通の促進の必要性が認められないからである。

③　固有の経済的利益を有しない場合

たとえば，取立委任裏書の被裏書人（手77条1項1号・18条2項），隠れた取立委任裏書の被裏書人，二重無権の抗弁が成立する場合の所持人がこれに当たる。これらの所持人には固有の経済的利益がないため，手形所持人の利益を図る必要はなく，むしろ手形債務者の利益を優先すべき場合だからである。

④　悪意の抗弁が成立する場合

手形所持人が債務者を害することを知って手形を取得した場合である（手17条ただし書）。これについては，項目を変えて説明しよう。

4　悪意の抗弁（手17条ただし書の抗弁）

【Case 1】

　次の各ケースは，いずれもAが売買代金支払のためにBを受取人として約束手形を振出し，その後，BからCへ裏書がなされた場合である。AのCに対する人的抗弁の主張の可否について検討しなさい。

　(a)　Cが，手形を取得する際，Bが売買目的物を履行期になっても引渡していないことを知って手形を取得した場合。

(b) Cが，手形を取得する際，AB間の売買契約がBの債務不履行によって解除
されたことを知って手形を取得した場合。

(1) 悪意の抗弁の意義

① 手形債務者は，自己と所持人の前者との間の人的関係に基づく抗弁をもって所
持人に対抗することはできないのが原則である（手77条1項1号・17条本文）。この
原則は，手形取得者をその前者間の人的関係から切り離し，取得者に独自の地位を与
えて保護することによって，手形の円滑な流通を確保しようとするものである。しか
し，手形取得者でも，保護する必要のない場合がある。取得者が誠実な取得者でない
場合は，その一例である。そこで手形法17条ただし書は，所持人がその債務者を害す
ることを知って手形を取得したときは，債務者は所持人の前者に対して主張できる抗
弁をもってその所持人に対抗できるものとした。これを「悪意の抗弁」と呼んでいる。

② 悪意の抗弁と「一般悪意の抗弁」とは区別しなければならない。「一般悪意の
抗弁」とは，所持人の権利行使が信義則に反する場合あるいは権利濫用と解される場
合に，所持人の請求を拒むために債務者が主張する抗弁をいう。

③ この悪意の抗弁の法的意義は，上記で説明した抗弁切断の理論的根拠をいかに
解するかによって異なることになる。

(ⅰ) 本来は手形債権とともに承継されていく抗弁を，手形流通の保護のために権利
外観理論の適用により，抗弁を切断したのであるという立場（権利外観理論適用
説）によると，悪意の抗弁は，所持人がその債務者を害することを知って手形を
取得したときは，抗弁承継の本則に戻って前者に対する抗弁そのものを承継した
ものと解することになる。

(ⅱ) これに対し，属人性説によると，人的抗弁は本来第三者に承継される余地のな
いものであるから，抗弁の切断はいわば当然のこと（むしろ論理的にあり得な
い）であるが，所持人がその債務者を害することを知って取得したときは，その
取得態様が，信義誠実の原則に反すると認められ，手形上の権利の行使が制約さ
れるに至るのが悪意の抗弁であると解することになる。それゆえ，この立場では，
悪意の抗弁とは，前者に対する人的抗弁を承継したものではなく，その取得者自
身に対して直接に認められる抗弁で，いわば一般悪意の抗弁の特殊の場合と解さ
れることになる。

(2)　債務者を「害スルコトヲ知リテ」（害意）の意義

①　河本フォーミュラ

　悪意の意義につき，通説は，次に述べる，いわゆる「河本フォーミュラ」と呼ばれる表式を採用している。これは数多くの判例を分析して抽出した判断基準といってよい。

　これは，「債務者ヲ害スルコトヲ知リテ」を，「所持人が手形を取得するに当り，手形の満期において，手形債務者が，所持人の直接の前者に対し，抗弁を主張して手形の支払を拒むことは確実であるとの認識をもっていた場合」と理解する立場である。すなわち，悪意とは，手形取得時に，満期または権利行使時における抗弁主張の確実性の認識があること，と理解するのである。

　この基準は，次の内容を含んでいる。

　(i)　悪意の認定時期（判断基準時）は，手形取得時とする。なぜなら，手形取引の　　安全を図るためには，偶々，後日になって事情を知った場合に悪意の抗弁を対抗　　されたのでは，手形法17条が人的抗弁の切断を認めて手形取引の保護を図った趣　　旨に反するからである。

　(ii)　抗弁自体の存否決定時期は，満期または権利行使の時とする。なぜなら，たと　　え手形取得時には未だ抗弁事由が存在しなくても，満期または権利行使の時まで　　に抗弁事由が成立に至るべきことが確実なときは，悪意の抗弁の成立を認めるべ　　きだからであるし，他方で，取得時に抗弁事由が存在していても満期または権利　　行使の時までに抗弁事由が消滅すれば悪意の抗弁を問題にする余地はないからで　　ある。

　(iii)　認識の程度は，債務者が前者に対して抗弁を主張することが確実であるとの認　　識とする。なぜなら，満期または権利行使の時における単なる抗弁主張の可能性　　ではなく，確実であるとの認識を要求することにより，悪意の抗弁の成否の基準　　に客観性を確保しようとするとともに（単なる抗弁主張の可能性にとどまらない　　から，手形取得者に不測の損害も与えないということでもある），「害すること　　を知りて」という法文の表現にも合致するからである。

　「河本フォーミュラ」によれば，①売買契約に基づいて振り出された手形の場合，取得者の前者の契約不履行により売買契約が解消された事実ないし契約が解消されるに至るべきことを熟知しつつ取得するときに，悪意の取得ということになるし，②また，請負工事の前渡手形の場合は，取得者が「取得の際，右手形が請負代金の前渡金として振出されたものであり，かつ，請負人の財産状態が悪化して仕事の完成が期待しえないことを知っていたときには」，手形法17条ただし書の悪意に当たるとされる（最判昭和48年3月22日判時702号101頁）。

② 【Case1】の検討

(i) 単にAB間の原因関係が債務不履行となっているという事実を知っているだけでは不十分である。Cが手形を取得する時点で債務不履行の事実があるとしても，その後，BがAに対して債務を履行する可能性もあるので（たとえば，CがBに支払った手形譲渡の対価を原資として，BがAに対して弁済をし，債務不履行状態が解消することもありうる），債務不履行の事実を知っていただけでCが保護されないのは不都合だからである。

したがって，【Case1】の(a)（Cが，手形を取得する際，Bが売買目的物を履行期になっても引き渡していないことを知って手形を取得した場合）では，AのCに対する悪意の抗弁は成立しない。

(ii) 解除権がすでに発生していることを知っている場合には，通常，解除権を行使するのは確実であろうと思われるので，この場合には害意があると解される。

したがって，【Case1】の(b)（Cが，手形を取得する際，AB間の売買契約がBの債務不履行によって解除されたことを知って手形を取得した場合）では，AのCに対する悪意の抗弁は成立すると解される。

③ 悪意の抗弁と抗弁事由

従来は，人的抗弁の問題を，漠然とすべて手形法17条（特異な悪意の概念）のもとで処理する傾向があった。しかし，現在では，すべての人的抗弁が，同条ただし書の悪意の抗弁によって処理されるものとは解されていない）。たとえば，すでに説明した新抗弁理論によると，同条ただし書の要件で処理される人的抗弁は，債務者が有効な手形行為をしたことを前提とするものに限定し，債務者が有効な手形債務の成立を争う種類の抗弁事由は，同条ただし書の要件で律することはできないと解されている。

一般に，悪意の抗弁として処理されることになる抗弁事由は，次のようなものとされている。

(i) 原因関係に基づく抗弁

原因関係の不存在，無効，消滅の抗弁がこれに属する。最初から原因関係が存在しない場合（不存在），原因関係に重要な錯誤があって取消しにより無効となる場合，契約が解除されて消滅した場合などである。

(ii) 原因関係が不法または違法であるとの抗弁

原因債務が賭博に基づく債務であるとか，利息制限法違反の高利の支払であるとか，あるいは，食品衛生法によって禁止された有害物質を使用した商品の売買契約であって無効である（最判昭和39年1月23日民集18巻1号37頁）とかの抗弁がこれに当たる。

(iii) 特約に基づく抗弁

手形外の譲渡禁止の特約，手形使用目的の合意，支払猶予の特約，旧手形を返還す

ることを条件に新手形を振り出したことなどの抗弁が含まれる。

(ⅳ) 対価欠缺の抗弁

手形割引のため署名して交付したが割引代金を交付しないこと，その他，対価が存在しないとの抗弁である。

(ⅴ) 融通手形・交換手形の抗弁

これについては次の5で説明するが，融通当事者間では，対価欠缺の抗弁や合意違反の抗弁が問題になりうる。

(3) 人的抗弁切断後の手形取得者の地位（善意者介在後の悪意者の地位）

【Case 2】

Aは，売買代金支払のためにBを受取人として約束手形を振り出したが，Bが売主としての義務を履行しないので，Aは売買契約を解除した。しかし，その後，手形は，Bから善意のCに裏書譲渡され，さらにAB間の契約解除の事実を熟知しているDがCから手形を取得した。この場合，Dは，Aに手形金の支払を請求しうるか。

人的抗弁が善意者のもとで切断された後に手形を取得する者は，その抗弁につき悪意であっても，その抗弁の対抗を受けないと解されている（最判昭和37年5月1日民集16巻5号1013頁）。前者が善意者であって，抗弁の切断された完全な権利を取得した場合には，手形を譲り受ける者は前者の完全な権利を承継するからである。【Case 2】の場合，AがBに対し人的抗弁を有していても，Cが善意のため，AのBに対する人的抗弁が切断され，Cは抗弁の対抗を受けない完全な権利を取得し，Dはそのような権利を裏書によってCから承継取得したことになる。したがって，Dは，AB間の人的抗弁事由を知っていても悪意の抗弁を対抗されることはなく，Aに手形金の請求ができることになる。善意者保護のためには，旧抗弁事由につき悪意の取得者（D）に手形を譲渡して換金する機会を制限すべきではないこと，たとえ債務者が悪意の転得者（D）に抗弁を主張できたとしても，転得者の遡求に応じた善意の前者（C）から請求があれば債務者は支払うしかなく無用な迂路になるだけであること，から上記の結論を支持するのが通説である。

これに対し，属人性説は，人的抗弁は手形そのものに付着するものではなく，人的関係の存する当該の人自身に付着するものであるから，人的抗弁の切断は善意の取得者その人に対する関係だけで個別的に問題とすべきであるとして，抗弁切断後の悪意取得者も悪意の抗弁の対抗を受けると解している。属人性説は，戻裏書のケースとの

統一的理解を主張している。

　なお，戻裏書の場合については，**第4章第7節2⑶**で説明したところを参照された
い。

5　融通手形と悪意の抗弁

【Case 3】

⒜　Aは，自己の信用を利用させるために，Bを受取人として融通手形を振り出
　した。

　①　満期にBがAに手形金の支払を求めてきた場合，Aは手形金請求を拒絶で
　　きるか。

　②　当該融通手形をBはCに割り引いてもらい，満期にCがAに手形金の支払
　　を求めてきた場合，Aは手形金請求を拒絶できるか。

⒝　AとBは，互いに信用を供与する目的で，相手方を受取人とする融通手形を
　振り出しあった。A振出しの手形を第一手形，B振出しの手形を第二手形とす
　る。

　①　Aは，B振出しの第二手形をDに裏書譲渡し，その後，Bにより手形金の
　　支払がなされた。第一手形がまだBの手元にある場合，AはBからの手形金
　　請求を拒絶できるか。

　②　Aは第二手形をDに，Bは第一手形をCにそれぞれ裏書した。その後，第
　　二手形が不渡りになったことを知りながら，Eは第一手形を取得した。Aは
　　Eからの手形金請求を拒絶できるか。

⑴　融通手形の意義

　融通手形とは，現実の商取引に基づかず，もっぱら他人に金融の利益を与える目的
で振り出される手形をいう。手形振出しの経済目的に着眼した呼称である。

　AがBに対し，現実の商取引がないにもかかわらず手形を振り出し，Bが当該手形
をCに割り引いてもらうことにより資金を得るというのが融通手形の典型例である。
この場合，AB間には，いわゆる融通契約が明示または黙示に結ばれており，Bが満
期までに当該手形の支払資金をAに提供するか，またはBが当該手形を回収してこれ
をAに返還することが合意されているのが通常である。

　また，AとBが互いに融通手形を振り出し合う場合を交換手形（あるいは馴合手形
ないし書合手形）という。この場合は，AB間で，①各自の振り出した手形はそれぞ
れ振出人において支払をすべきこと，②もし，一方がその振出手形の支払をしない場

合には，他方はその振出手形の支払をしないことが合意されているのが通常である。

(2)　融通当事者間の関係

融通手形の振出人（融通者）は，受取人（被融通者）から当該手形の支払を請求されても，これを拒絶できると解されている。【Case 3】の(a)①の場合，Aは手形金請求を拒絶できるわけである。なぜなら，融通手形は，満期までの間，Aの信用を利用することを目的として振り出されたものであって，Aが自己の資金で支払をすることを約するものではないのが通常であり，融通手形の受取人BがAに請求することを予定するものではないからである。このAの抗弁を「融通手形の抗弁」といい，その実質は対価欠缺の抗弁である（AB間には融通契約が存在するのであるから，原因関係不存在の抗弁ではないと解するのが通説である）。

交換手形の場合は，相互に対価関係に立っているので，たとえば，【Case 3】の(b)①の場合，Bが自己の振り出した第二手形に支払をしたときは，AもAが振り出した第一手形について支払をしなければならず，この理は，融通手形の受取人Bから請求されたときでも同様と解されている（最判昭和29年4月2日民集8巻4号728頁）。もはや手形授受の対価を欠くとの抗弁が成立しないからである。したがって，AはBからの手形金請求を拒絶することはできない。

(3)　融通手形と第三者

①　融通手形であることを知って割引に応じ，当該手形を取得する者は，債務者を害することを知って取得した者ではなく，むしろ，融通手形の趣旨・目的に協力する者と解することができる。それゆえ，被融通者に信用を供与し，金融を得させる目的で発行されるという融通手形の趣旨・目的からして，第三者に対しては，その者が融通手形であることを知って取得したとしても支払を拒絶できないと解されている。判例も，被融通者から当該手形を譲渡された者に対しては，原則として，その者が融通手形であることを知っているか否かを問わず，支払を拒絶することはできない旨判示する（最判昭和34年7月14日民集13巻7号978頁）。問題は，そのことをどのように理論構成するかである。

②　従来の通説は，融通手形の抗弁は，生来的に人的な抗弁であって，もともと融通者から被融通者に対してのみ主張できる抗弁であり，手形の譲受人（第三者）に承継されない性質のものであると説明してきた。この見解は，その上で，第三者に対し融通者が支払を拒むことが妥当であるような特殊な事情が存する場合には，「一般悪意の抗弁」を対抗できると解している。

しかし近時は，融通手形の抗弁も手形法17条ただし書の悪意の抗弁の1つであると

説明する見解が通説化している。この見解は，融通手形であることを知って取得する
だけでは同条ただし書の悪意には該当しないが，「融通契約に違反していること（融
通手形交付の際の当事者間における種々の合意に違反していること）」を知って取得
する者は，悪意の抗弁をもって対抗されると解している。

　それでは，どのような事実を認識していた場合に，債務者が支払を拒むことは確実
であるとの認識があったといえるのか。次のような場合が挙げられている。

(i)　被融通者が融通者に対して満期前の一定時期まで資金を提供すべき合意がある
　　にもかかわらず，資金提供期限を過ぎているのに履行していないこと，あるいは，
　　資金提供期限までに資金を提供できないこと（たとえば，無資力となったこと）
　　を知りつつ取得する場合。

(ii)　融通手形として利用する期間が経過し，融通者（振出人）に返還すべきことを
　　知りつつ取得する場合。

(iii)　交換手形の場合において，双方とも自己の振り出す手形に支払うこと，一方が
　　その振出にかかる手形に支払をしないときは他方も自己の振り出した手形に支払
　　をしないことが合意されていたが，交換手形の一方が支払われなかったこと（不
　　渡りとなったこと），あるいは，支払われないことが確実であることを知りつつ
　　取得する場合。

　③　以上により，【Case 3】の(a)②の場合，Aは，Cが融通手形であることを知っ
て取得していても，手形金請求を拒絶することはできない。ただし，Cが「融通契約
に違反していること（融通手形交付の際の当事者間における種々の合意に違反してい
ること）」を知って取得した場合には，悪意の抗弁（手77条1項1号・17条ただし書）
をもって対抗しうることになる。

(4)　交換手形の場合について

【Case 3】の(b)②では，融通手形の振出人は，受取人からの裏書による手形取得者
に対して，悪意の抗弁を対抗できるかが問題となるが，交換手形の法律構造の把握が
重要である。

　上記のとおり，交換手形の場合は，AB間で，①各自の振り出した手形はそれぞれ
振出人において支払をすべきこと，②もし，一方がその振出手形の支払をしない場合
には，他方はその振出手形の支払をしないことが合意されているのが通常であるが，
これは，交換手形の場合は，相互に対価関係に立っているからである。

　【Case 3】に即していえば，Aは，自己の振り出した第一手形の決済資金の回収を
目的として，相手方Bから第二手形を取得するのであり，BがAに振り出す第二手形
は，Aが第一手形を支払うための資金の支払方法としての役割を果たすものである。

Bが，AであれAからの転得者Dであれ，とにかく第二手形の所持人に支払をすれば，それでAに対する資金提供の義務を果たしたことになる。この場合には，AはBに対し，対価欠缺を主張し得なくなる。

しかしながら，第一手形の支払資金の支払方法である第二手形が不渡りになったということは，Bが，第二手形と交換されたA振出しの第一手形の決済資金を約定の期限までにAに支払わなかったことを意味するから，「融通契約違反（融通手形交付の際の当事者間における種々の合意に違反）」が発生したということになる。

EがCから第一手形を取得したのは，融通契約違反の事実が生じた後である。それゆえ，Eが，第一手形と第二手形とが交換手形の関係にあること，および第二手形の不渡りの事実を知って第一手形を取得した場合には，融通契約違反を知って手形を取得したと認められるから，AはEに対し，悪意の抗弁（手17条ただし書）を主張することができると解するのが相当である。そして，第二手形の不渡りが満期未到来のため未だ現実化していなくても，不渡りとなるべきことが確実とみられる状況が生じた段階において，Eが第一手形を取得した場合も，Aは悪意の抗弁を対抗できると解されている。

判例も，「（ABではなく甲乙で表記）乙が乙振出の約束手形の支払をしなかったときは，甲は，交換手形に関する右約定および乙振出の約束手形の不渡り，或いは，不渡りになるべきことを知りながら，甲振出の約束手形を取得した者に対し，いわゆる悪意の抗弁をもって対抗することができるものと解するのが相当である」（最判昭和42年4月27日民集21巻3号728頁）と判示している。

第3節　後者の抗弁

【Case 4】
　Aは，約束手形をBに振り出し，Bは，Cに対する既存の消費貸借上の債務の支払確保のために，その手形をCに裏書譲渡した。その後，Bは，消費貸借上の債務を完済した。この場合，Cは，返還しなかった手形をもってAに手形金の請求ができるか。

1　問題の所在

【Case 4】では，裏書人Bと被裏書人（所持人）Cとの間の原因関係が消滅したにもかかわらず，Cが手残り手形で振出人Aに手形金の支払請求をしてきた場合に，かかる請求が認められるかが問題となる。

　問題となるのは，手形行為の無因性および人的抗弁の個別性との関係である。①まず，手形行為（【Case 4】では裏書）は無因行為であり，裏書の原因関係が消滅しても裏書の効力は当然には失われない。それゆえ，Ｂ・Ｃ間の裏書の原因関係が消滅しても，手形関係は影響を受けず，Ｃは依然として手形上の権利者である。②次に，原因関係の消滅は人的抗弁事由であるから，その抗弁事由が存する原因関係の当事者間だけで問題となるものであり（人的抗弁の個別性），ＢがＣに対して主張しうる抗弁をＡは援用できないはずである。

2　判例・学説の見解

　⑴　伝統的な無因論を貫き，ＣはＡに対して，手形金の請求ができるとする見解もある。Ｂ・Ｃ間の裏書の原因関係が消滅しても手形が返還されない限り，手形関係は当然には影響を受けず，Ｃは手形上の権利者にとどまり，裏書の原因関係の消滅は，ＢがＣに対抗しうる人的抗弁にすぎないから，Ａはこの抗弁を援用してＣの請求を拒み得ないと解するのである。そして，【Case 4】のような事案は，ＡがＣに手形金を支払った後に，ＢとＣとの間で手形外の問題として処理すべきである，つまり，支払を受けたＣは，その金額をＢに返還することによって解決すべきである主張する。

　⑵　これに対し，判例は，Ｃの請求を権利濫用として排斥する（最大判昭和43年12月25日民集22巻13号3548頁）。同判決は，「自己の債権の支払確保のため，約束手形の裏書譲渡を受け，その所持人となった者が，その後右債権の完済を受け，裏書の原因関係が消滅したときは，特別の事情のないかぎり爾後右手形を保持すべき何らの正当の権原を有しないことになり，手形上の権利を行使すべき実質的理由を失ったものである。然るに，偶々手形を返還せず手形が自己の手裡に存するのを奇貨として，自己の形式的権利を利用して振出人から手形金の支払を求めようとするが如きは，権利の濫用に該当し，振出人は，手形法77条，17条但書の趣旨に徴し，所持人に対し手形金の支払を拒むことができる」と判示した。この判決は権利濫用の抗弁を認めたわけであるがその後，最高裁は同様の事案について同じ判断を下しており（最判昭和48年11月6日民集27巻10号1391頁），権利濫用論は判例法理として定着している。

　学説の多くもこの権利濫用論を支持している。ただ，次に説明する昭和45年判決（最判昭和45年7月16日民集24巻7号1077頁）の影響もあり，権利濫用となる理由に「固有の経済的利益論」を加える者が多い。すなわち，〈手形を返還する義務を負うＣは，かりに支払を受けてもその金銭は不当利得として返還しなければならない立場にあり，手形金の支払を受ける固有の経済的利益を有しない者であるから，このようなＣが，形式的権利を行使することは権利濫用として排斥すべきである〉と理由づけるものが多い。

(3)　また，Cの請求を認めないという結論は同じであるが，手形行為のうち債務負担行為は無因であるが，権利移転行為は有因であると解する「手形権利移転行為有因論」は，AはCに対して，無権利の抗弁を主張しうると解している。すなわち，B・C間の原因関係が裏書後に消滅すれば，手形上の権利はBに復帰するので，Cは手形を占有してはいるが無権利者であるから，AはCの請求に対し，無権利の抗弁を対抗しうると解するのである。

3　【Case 4】の解答

　判例・通説に従えば，B・C間の原因関係が消滅した後，Bに返還すべき手形でCがAに請求することは，権利濫用として排斥されることになる。Cの手形金請求は認められない。また，手形権利移転行為有因論では，AはCに対して，無権利の抗弁を主張して，その請求を拒むことができることになる。

第4節　二重無権の抗弁

【Case 5】
　Aは，売買代金支払のためにBを受取人として約束手形を振り出し，Bは，Cに対する売買代金支払のためにその手形をCに裏書した。その後，A・B間の売買契約はBの債務不履行により解除され，さらに，B・C間の売買契約もCの債務不履行によって解除された。この場合，Cは，Aに手形金の支払を請求しうるか。

1　問題の所在

　【Case 5】では，手形の振出しおよび裏書の間の原因関係がともに消滅したにもかかわらず，所持人（被裏書人）が手残り手形で振出人に手形金の支払請求をしてきた場合に，かかる請求が認められるかが問題となる。

　後者の抗弁と同様に，手形行為の無因性および人的抗弁の個別性との関係が問題となる。①まず，手形行為は無因行為であり，A・B間の振出しの原因関係およびB・C間の裏書の原因関係が消滅しても，手形関係は影響を受けず，Cは依然として手形上の権利者である。②次に，【Case 5】では，BはCに対して人的抗弁を有し，AはBに対して人的抗弁を有するが，原因関係の消滅は人的抗弁事由であるから，原因関係の当事者間においてのみ主張しうるものである（人的抗弁の個別性）。そうであれば，Aは，BがCに対して有する人的抗弁を主張できないし，A自らがBに対して有

する人的抗弁は，その抗弁につきＣが当該手形取得時に害意（手17条ただし書）を有していない限り，Ｃに対抗し得ないはずである。

2　判例・学説の見解

⑴　伝統的な無因論および人的抗弁の個別性を貫き，ＣはＡに対して，手形金の請求ができるとする見解もある。手形行為の無因性から，Ａ・Ｂ間の振出しの原因関係およびＢ・Ｃ間の裏書の原因関係が消滅してもＣは手形上の権利者であるところ，ＢがＣに対抗しうる抗弁をＡが援用することは認められないし（人的抗弁の個別性），また，ＡがＢに対抗しうる抗弁も，Ｃがそれについて害意で手形を取得したため，悪意の抗弁（手17条ただし書）が成立する場合でない限り，Ｃに対抗できない（人的抗弁の切断）から，結局，Ｃの請求は認めざるを得ないというのである。

⑵　これに対し，判例は，Ａ・Ｂ間，Ｂ・Ｃ間の手形の振出，裏書の原因関係がともに消滅した場合につき，権利濫用論（最大判昭和43年12月25日民集22巻13号3548頁）ではなく，いわゆる経済的利益欠如論によって，ＡはＢに対して主張しうる手形振出の原因関係消滅の抗弁をもってＣに対抗できる旨を判示した（前掲最判昭和45年7月16日）。

前掲最判昭和45年7月16日は，「Ａは，手形振出の原因関係消滅の抗弁をもって，受取人たるＢに対してのみでなく，Ｂから右手形の裏書譲渡を受けたＣにも対抗し，手形債務の履行を拒むことができるものと解するのが相当である。けだし，かかる原因関係に由来する抗弁は，本来，直接の相手方に対してのみ対抗しうるいわゆる人的抗弁たりうるにすぎないが，人的抗弁の切断を定めた法の趣旨は，手形取引の安全のために，手形取得者の利益を擁護するにあると解すべきことにかんがみると，前記のように，自己に対する裏書の原因関係が消滅し，手形を裏書人に返還しなければならなくなっているＣのごとく，手形の支払を求める何らの経済的利益も有しないものと認められる手形所持人は，かかる抗弁切断の利益を享受しうべき地位にはないものというべきだからである」と判示した。

学説の多くもこの判例を支持している。その根拠として，①自己に対する裏書人の原因関係が消滅し，手形を裏書人に返還しなければならなくなっているＣは，手形の支払を求める固有の経済的利益を有しないこと（判例と同じ，固有の経済的利益欠如論），②ＣのＡに対する請求を認めても，受け取った手形金はＣの不当利得としてＢに返還しなければならず，またＢも，その分をＡに不当利得として返還しなければならないから，手形金はＣからＢを経て再びＡの手元に戻るだけであって，Ｃの請求を認めること自体が無意味であること（Ｃの請求を認めても支払われた手形金が循環するだけで無意味である），が挙げられている。

⑶ また，Cの請求を認めないという結論は同じであるが，手形行為のうち債務負担行為は無因であるが，権利移転行為は有因であると解する「手形権利移転行為有因論」は，AはCに対して，無権利の抗弁を主張しうると解している。すなわち，B・C間の原因関係の消滅により，Aに対する手形上の権利はBに復帰し，さらに，A・B間の原因関係の消滅により，手形上の権利はAに復帰することになるから，Cは手形を占有してはいるが無権利者であるので，AはCの請求に対し，無権利の抗弁を対抗しうると解するのである。

3 【Case 5】の解答

判例・通説に従えば，Aは，手形振出の原因関係消滅の抗弁をもって，受取人たるBに対してのみでなく，Bから手形の裏書譲渡を受けたCにも対抗し，手形債務の履行を拒むことができることになる。Cの手形金請求は認められない。また，手形権利移転行為有因論では，AはCに対して，無権利の抗弁を主張して，その請求を拒むことができることになる。

第7章　手形上の支払確保の制度

第1節　手形不渡制度

1　手形交換所における支払呈示

　手形の所持人は，満期に，手形の振出人に対して，支払呈示をし，手形金の支払を求める（手77条1項3号・38条1項）。もっとも，手形交換所における手形の呈示にも，支払呈示としての効力が認められており（手77条1項3号・38条2項），世の中に流通している手形は，ほとんどが手形交換所における手形交換によって決済されている。手形交換所には，法務大臣の指定を受けたもの（手83条）と指定を受けていないものとがある。手形交換は，銀行が取引先から受け入れた他行払いの手形・小切手などを銀行相互間で集団的に決済するものであり（東京手形交換所規則22条参照），その法的性質は無名契約としての集団決済契約と解されている。

2　不渡り

　手形交換所における手形金の決済は，各銀行ごとに受取総額と支払総額の差額を算出し，原則として，日本銀行の本支店における各銀行の当座勘定の賃借振替によって決済する方法（交換尻決済）によって行う。交換尻決済の終了によって，手形の支払の効力が生じることとなる。もっとも，手形交換所に持ち込まれた手形が資金不足などの理由で手形金の引落しができない場合，その手形は不渡手形となる（東京手形交換所規則52条1項参照）。

　不渡事由には，形式不備，期日未到来，除権決定等支払呈示自体が適法でない場合や破産手続開始決定等の破産法等による事由がある場合である0号不渡事由，資金不足，取引なしの資金関係を理由とする場合である第1号不渡事由，債務不履行，詐取，紛失，盗難，偽造，変造等取引関係を理由とする場合である第2号不渡事由とがある（東京手形交換所規則施行細則77条）。

　不渡手形は，持出銀行に返還され，すでに支払った資金の返還を受けて交換決済の

組戻しを行うことになる。具体的な方法としては，不渡手形交換日の翌営業日に持出銀行宛ての持出手形に組み入れる「逆交換」と不渡手形を持出銀行の店頭に返還する「店頭交換」がある（東京手形交換所規則52条参照）。不渡手形には，不渡事由が記載されることになる（【図表1　不渡事由の記載の例示】参照）。

【図表1　不渡事由の記載の例示】

本日決済（交換呈示）された当座小切手につきまして，預金不足（振出人の申出により）につき不渡返還することとしました。

平成　　年　　月　　日

銀行　　　支店　印

（出所）　東京手形交換所規則施行細則59条3号の例示

3　不渡報告

第1号不渡事由または第2号不渡事由があった場合には，支払銀行および持出銀行は，原則として，不渡届を交換所に提出することになる（東京手形交換所規則63条1項）。

交換所は，不渡報告があると，不渡届に対して異議申立が行われた場合等を除き，当該振出人等を不渡報告に掲載して参加銀行へ通知することになる（東京手形交換所規則64条）。

4　取引停止処分

不渡届が出され，不渡報告が掲載された者は，その交換日から6か月以内に再度不渡届が提出されたときは，取引停止処分の対象となる（東京手形交換所規則65条1項）。取引停止処分がなされると処分日から2年間は当座勘定取引および貸出取引から排除されることになる（同規則62条2項）。取引停止処分となった会社は，金融機関からの借入れができないこととなり，そのことは，当該会社の倒産に直結する。そのため，振出人は，手形が不渡りとならないように努力するため，手形不渡制度は，支払を確保するための制度となっているのである。

第2節　手形の担保的効力と遡求制度

1　遡求の意義

　手形の所持人が満期に適法に支払呈示したにもかかわらず，振出人が無資力となり，手形金を支払ってもらえないこともある。そのような場合に，手形流通の保護の観点から認められている制度が，遡求である。

　遡求（償還請求）とは，満期において支払が拒絶された場合または満期前に振出人が破産手続開始決定を受けるなど満期における支払の可能性が著しく減退した場合に，原則として拒絶証書を作成し，手形の所持人が裏書人など一定の者（遡求義務者）に対して，手形金額，法定利率による満期からの利息，拒絶証書作成費用および通知費用などの費用の弁済を請求することである。

　支払を拒絶された手形所持人は，裏書人等の遡求義務者に対して，遡求権を行使することによって，手形金の支払があったのと同様の経済的効果を得ることができるのである。そのため，遡求も支払を確保するための制度となる

　民法上の債権譲渡には遡求制度はなく，遡求は，手形の流通促進の観点から，債権の売買に関する民法上の担保責任（民569条）を強化したものといえる。

　手形法上，裏書人は，反対の文言なき限り，支払を担保するとされており，裏書には，担保的効力が認められている（手77条1項1号・15条1項。**第4章**参照）。裏書人が裏書することにより，被裏書人およびその後の譲受人に対し，支払を担保する義務が償還義務・遡求義務であり，担保的効力に基づき権利行使するのが遡求である。

2　遡求の当事者

　遡求義務者は，①裏書人（手77条1項1号・15条1項），②手形保証人（手77条3項・32条1項）および③無権代理人（手77条2項・8条）である。担保責任を負わない無担保裏書の裏書人（手77条1項1号・15条1項），取立委任裏書の裏書人（手77条1項1号・18条），期限後裏書の裏書人（手77条1項1号・20条）は，遡求義務者とはならない。

　遡求権者は，最終の手形所持人（手77条1項4号・47条2項）である。また，遡求義務を履行して手形を受け戻した者（手77条1項4号・47条3項），保証債務を履行した手形保証人（手77条3項・32条3項），遡求義務を履行した無権代理人（手77条2項・8条）は，再遡求権者となる。

3　遡求の要件

(1)　実質的要件

【Case 1】

　Xは，Aが令和 x 年9月2日を満期として振り出した約束手形（本件手形）の所持人である。本件手形は，受取人AからY，Xへと順次裏書されている。

　Aが別に振り出した小切手が令和 x 年5月に不渡りとなったことを知ったXは，令和2年6月に，AおよびYを共同被告として将来給付の訴えを提起し，第一審の口頭弁論終結前に，満期日が到来したが，支払呈示をしなかった。

　この場合に，Xは，Yに対して遡求権を行使することができるか。

【Case 2】（旧司法試験平成17年度第2問）

　Z株式会社の代表取締役Bは，X銀行から，Z社が融資を受ける条件として，信用のある第三者が裏書した約束手形を差し入れることを要求された。そこで，Bは，高校時代からの友人であるY株式会社甲支店の支店長Aに依頼し，Y社を受取人，手形金額を1,000万円，満期を平成17年7月15日とするZ社振出しの約束手形にY社甲支店長Aとの裏書を得たが，Aは，手形の振出しや保証を行うことをY社の内規で禁じられていた。

　Bは，この手形をX銀行に交付し，X銀行は，その手形金額から満期までの利息を控除した金額をZ社に貸し付けたが，Z社は，当該借受金を返済することなく，平成17年5月10日に破産手続開始の申立てをし，同月17日，Z社に対して破産手続開始の決定がされた。

　X銀行が同月18日にY社に対して手形金の支払を請求した場合，この請求は認められるか。

　遡求権行使のための実質的な要件は，手形所持人が手形の主たる債務者，またはその者の支払担当者に対して支払呈示期間内に適法な支払呈示をしたにもかかわらず，支払が拒絶されたことである（手77条1項4号・43条）。

　【Case 1】の素材となった判例（最判平成5年10月22日民集47巻8号5136頁〔百選68事件〕）において，支払呈示が裏書人に対する遡求権行使の要件とされているのは，請求者が約束手形の正当な所持人であることを確知させると同時に，振出人によって支払がされるのか否かを明らかにさせる必要があるためであり，振出人に対して将来給付の訴えである約束手形金請求訴訟が提起されても，支払呈示が必要である旨を判

示している。そのため，【Case 1】の事案において，Xは，適法な支払呈示をしていないことから，遡求権を行使することができないことになろう。

　為替手形については，満期前においても，①引受の全部または一部が拒絶，②引受人または支払人の破産手続開始決定，支払停止または強制執行の不奏功，③引受呈示禁止手形の振出人が破産手続開始決定を受けた場合には，手形が支払われる可能性が低くなるため，満期前の遡求権が認められている（手43条）。

　満期前遡求に関する手形法43条各号は，為替手形に関する規定であって，手形法77条1項4号においては，満期における支払拒絶による遡求のみを準用している。そうすると，約束手形については，満期前遡求が認められないとも考えられる。もっとも，判例（最判昭和57年11月25日判時1065号182頁）・学説は，満期における支払の可能性が低くなった場合に，所持人の権利行使が可能となるのが満期である必要がない点については，為替手形と約束手形とでは差異はないとして，約束手形についても満期前遡求を認めている。【Case 2】においても，破産手続開始決定を理由とする約束手形の満期前遡求を行うこととなる。

(2)　形式的要件

　満期後の支払拒絶を理由とする遡求のためには，支払拒絶の事実を遡求義務者が確実に知ることができるようにするために，支払呈示期間内の拒絶証書作成が原則として必要とされている（手77条1項4号・44条3項）。一覧後定期払手形についても，支払拒絶証書は，支払呈示期間内に作成されなければならない（手77条1項4号・44条3項後段）。その期間内に支払拒絶証書が作成されないと，遡求権は消滅することになる（手77条1項4号・53条）。支払拒絶証書は，公正証書であり，支払呈示期間内に，公証人または執行官によって，手形の裏面または附箋に法定の事項を記載して作成される（拒絶証書令3条）。

　もっとも，遡求手続の簡略化による流通の促進と償還費用の省略の観点から，振出人，裏書人または保証人が拒絶証書作成免除文句（無費用償還，拒絶証書不要等）を記載し，かつ署名することによって，所持人の拒絶証書作成を免除することが可能となっている（手77条1項4号・46条1項）。統一手形用紙には，当初より「拒絶証書不要」の文句が印刷されている。振出人が拒絶証書作成を免除した場合には，すべての者に対してその効果が及ぶのに対して，その他の者が免除した場合には，免除した者との間でのみ免除の効力が生じることとなる（手77条1項4号・46条3項）。

　また，約束手形の振出人について，破産手続の開始決定があった場合の満期前遡求においては，破産手続開始決定書を提出することにより，支払拒絶を証明できるため，支払呈示も拒絶証書の作成も不要となっている（手77条1項4号・44条6項）。

4　遡求の方法

　遡求は，遡求の通知が行われ（手77条 1 項 4 号・45条），所持人が合同責任（手77条 1 項 4 号・47条）を負う遡求義務者に対して，遡求義務者が債務を負った順序に関係なく，各別または共同で遡求金額の請求をする方法によって行われる。また，ある者に対して，請求後でも，支払を受けていない部分について他の者に対しても請求することもできる（手77条 1 項 4 号・47条 4 項）。

　遡求の通知は，遡求に際して，所持人が拒絶証書作成の日（拒絶証書作成免除文句が記載されている場合は呈示の日）に次ぐ 4 取引日以内に，直接の遡求義務者に対して支払拒絶があったことを通知することである。遡求の通知を受けた者は，順次，通知を受けた日に次ぐ 2 取引日以内に，自己の裏書人に対し，前の通知者全員の名称および宛所を示して，通知することが求められている（手77条 1 項 4 号・45条 1 項）。遡求の通知は，遡求金額の増大を阻止する機会や再遡求権を保全するための措置をとる機会を与えるために必要とされている。遡求の通知は，遡求の要件ではないが，懈怠すると，手形金額の範囲内で損賠償責任を負うことになる（手77条 1 項 4 号・45条 6 項）。

　遡求義務者が債務を負った順序に関係なく遡求金額の請求をするため，手形の所持人が自己の直接の前者より前の者に対して遡求権を行使する跳躍的遡求も認められている（手77条 1 項 4 号・47条 2 項）。

　また，遡求義務者が償還義務を履行し，手形を受け戻した上で（手77条 1 項 4 号・50条 1 項），自己の前者に対して遡求を行使する再遡求も認められている（手77条 1 項 4 号・47条 3 項・49条）。再遡求に際しては，自己および後者の裏書を抹消することができる（手77条 1 項 4 号・50条 2 項）。遡求義務を履行した者は手形上の権利を再取得するが，その法的性質については，従来有していた権利が復活するとする権利復活説と遡求義務の履行によって手形上の権利を再取得するとする権利再取得説とがある。

　遡求義務者は，遡求金額の増大を防止し，再遡求権を保全するために，自ら償還することもできる（手77条 1 項 4 号・50条 1 項）。

　満期後の遡求の場合，所持人は，遡求義務者に対して，①支払がなかった手形金額および利息の記載がある場合はその利息，②法定利率による満期以後の利息，③拒絶証書作成費用，通知の費用およびその他の費用を請求できる（手77条 1 項 4 号・48条 1 項）。

　満期前の遡求の場合，所持人の住所地における遡求の日の公定割引率によって計算した，支払った日から満期日までの中間利息を手形金額から差し引いた額を請求でき

る（手77条1項4号・48条2項）。

　約束手形の振出人，裏書人および保証人は，所持人に対して合同責任を負う（手77条1項4号・47条1項）。合同責任は，不真正連帯債務の一種である。合同責任と民法上の連帯責任とは，①合同責任は各債務者の負う義務の範囲は同一ではないが，連帯責任は各債務者が全額について債務を負担していること，②合同責任は責任の発生原因が各債務者で異なるが，連帯責任は各債務者で同一であること，③合同責任は遡求義務者1人による債務の履行は前者および主たる手形債務者の債務に影響がないが，連帯責任は債務者の1人に対する弁済により他の債務者の債務も消滅すること，④合同責任には負担部分がないが，連帯責任には各債務者間には負担部分が存在することが異なっている。

第3節　手形行為独立の原則と裏書への適用

1　意　義

　手形行為には，振出のように他の手形行為を前提としない基本的手形行為と，裏書・保証のように，他の手形行為の存在を前提としている附属的手形行為とがある。手形法は，附属的手形行為について，手形の流通性を確保する観点から，手形債務の負担について行為能力なき者の署名，偽造の署名，仮設人の署名またはその他の事由により手形の署名者もしくはその本人が義務を負わない署名がある場合でも，他の署名者の債務はそのために効力を妨げられない旨を規定している（手77条2項・7条）。この原則を手形行為独立の原則という。

　手形行為独立の原則は，条文の文言より明らかなとおり，手形債務負担面に関する原則であり，また，実質的無効に適用され，形式的無効には適用されない（手32条2項）。

　手形行為独立の原則は，直接の裏書人の署名が有効であることを確認し，手形を取得した者は，裏書人に対して担保責任を追及できることとなるため，手形金の支払を確保するための制度となっている。

　民法上の債権譲渡の場合には，そもそも，債権が有効に発生しないと，その後，債権譲渡が繰り返されたとしても，権利を取得することはない。そこで，民法上の債権譲渡には認められない手形行為独立の原則の根拠についてどのように考えるかが問題となる。民法の一般原則では，先行行為が無効の場合，後行行為も本来無効となるが，手形取引の安全ないし手形流通促進のために，手形法が政策的に認めた特則とする政策説（通説），各手形行為は別個の意思表示であるため，他人の行為の影響を受けな

いのが当然であるとする当然説とがある。

2　裏書への適用

> 【Case 3】
> 　A振出の約束手形（本件手形）を受取人Bが所持していたところ，Cが本件手形を盗取し，BからCへの裏書を偽造して，Dに裏書譲渡した。
> 　この場合に，Dは，Cに対して，手形金の支払を求めることができるか。

　手形行為独立の原則は，手形法 7 条の文言から明らかなとおり，債務負担の効力に関する原則である。裏書は，債務負担を内容とする行為ではなく，権利移転を内容とする行為である。そのため，裏書に，手形行為独立の原則の適用があるかが問題となる。

　手形行為独立の原則の根拠につき，政策説によれば，手形行為独立の原則が裏書の場合に適用がないとすると手形行為独立の原則の存在意義が乏しくなること，裏書人は担保責任を負っていることを理由として，適用を認めることとなる。そして，政策説によると，善意の取得者のみを手形行為独立の原則によって保護することとなる。【Case 3】において，政策説によれば，Dが善意で，手形上の権利を善意取得していれば，Dは，Cに対して，担保責任を追及して，手形金の請求をすることができる。

　手形行為独立の原則の根拠につき当然説によれば，裏書に手形行為独立の原則の適用が認められることとなる。そして，当然説によると，悪意者にも，手形行為独立の原則が適用されることとなる（最判昭和33年 3 月20日民集12巻 4 号583頁〔百選46事件〕）。【Case 4】において，当然説によれば，Dが悪意であっても，Dは，Cに対して，手形金の請求をすることができる。もっとも，悪意の手形取得者を保護することに対しては，批判がある。

第 4 節　手形保証

1　意　義

　手形保証とは，手形債務者の信用を補うため，その者の義務を担保することを目的してなされる手形行為（手77条 3 項後段・30条 1 項）である。手形保証も，手形金の支払を担保するための制度となっている。

　手形保証は，手形金の一部についても可能となっている（手77条 3 項・30条 1 項）。

　手形保証と民法上の保証（民446条 1 項）とは，①手形保証においては主債務の実

質的無効の影響がないが（手77条3項・32条2項），民法上の保証においては主債務が実質的無効であると，付従性により無効となること（民448条1項参照），②手形保証では責任を負う相手は不特定であるが（手77条3項・32条1項），民法上の保証では，責任を負う相手は特定の者となる点で異なっている。

2　手形保証の方式

　手形保証の方式には，正式保証（手77条3項・31条1項2項4項）と略式保証（手77条3項・31条3項）とがある。

　正式保証は，手形またはその補箋に「保証」その他これと同一の意義を有する文字および被保証人の名称が記載され，保証人が署名する方式である。

　略式保証は，保証人の署名はされているが，手形保証文句や被保証人の名称が記載されていない方式である。被保証人の名称が記載されていない手形の表面になされた単なる署名は，振出人の署名を除いて，振出人のための保証とみなされる（手77条3項・31条3項4項後段）。

3　手形保証の効力

【Case 4】
　請負人A社と注文者X社とは，艀5隻の建造について代金2,200万円で請負契約（本件契約）を締結した。A社はX社から前渡金1,100万円の交付を受けたが，本件契約にA社の債務不履行があった場合に，X社に対して負う損害賠償債務の担保として，A社からX社に対して手形金1,100万円の約束手形（本件手形）が振り出された。また，A社の経営状況が良好でなかったことから，A社の役員YがA社のために手形保証をした。その後，A社は艀5隻を完成させ，本件契約の債務不履行が発生しないことが確定したが，X社は，A社に対して本件手形を返還しなかった。
　この場合，X社は，Yに対して，手形保証に基づいて請求できるか。

　手形保証人は，被保証者と同一の責任を負うとされており（手77条3項・32条1項），手形保証には，従属性という性質が認められる。手形保証の従属性という性質より，手形保証人の負担する債務の金額や時効期間は，被保証者と同一であり，遡求義務者の手形保証人は遡求権が保全された場合にのみ責任を負い，被保証者の債務が支払，消滅時効等で消滅した場合には手形保証人の債務も消滅することとなる。

　また，手形保証は，方式の瑕疵による場合を除いて被保証債務が無効な場合も有効であるとされており（手77条3項・32条2項），独立性という性質が認められる。手

形保証の独立性は，手形行為独立の原則を手形保証について具体化したものである。

　【Case 4】においては，本件手形は有効に成立しているが，A社の債務不履行が発生しないことが確定したことで，A社は，X社に対して原因関係上の抗弁を主張して手形金の支払を拒むことができる。そこで，手形保証人であるYは，手形保証の従属性により，A社のX社に対する人的抗弁をもって，保証債務の履行を拒めるか，それとも，手形保証の独立性が重視され，保証債務の履行を拒めないのかが問題となる。

　もし，このような事案で，X社の請求を認めると，YはA社に対し求償（手77条3項・32条3項）できるが，A社は，X社に対して不当利得の返還（民703条）を求めることとなり，求償の循環という不都合が生じる。

　【Case 4】の素材となった判例（最判昭和45年3月31日民集24巻3号182頁〔百選63事件〕）は，手形保証人が被保証者の所持人に対する人的抗弁を援用するという構成ではなく，受取人から手形保証人に対する請求は，権利の濫用に該当するとして，手形金の支払を拒むことを認めている。学説上は，手形保証の従属性を重視して，手形保証人が被保証者の所持人に対する人的抗弁を援用する見解もある（従属性説）。

4　保証人の求償権

　手形保証債務が履行されると，手形保証債務は当然として，被保証債務（および被保証者の後者の債務）も消滅することとなる。そして，手形保証債務を履行した手形保証人は，被保証者およびその手形債務者に対し，手形上の権利を取得することとなる（手77条3項・32条3項）。

第5節　隠れた手形保証

【Case 5】（旧司法試験平成9年度第2問改題）
　商人Xは，商人Aに対して，Aが営業上使用する機械を，代金の弁済期を納品の6か月後とする約定で売却して引き渡した。その際，Aは，売買代金債務を担保するため，Aを振出人，Aの取引先Yを受取人，代金債務の弁済期を満期として，Yの裏書のある約束手形を，Xに交付した。
　ところが，上記機械には契約不適合があったので，Aは，Xに対して，満期の数日前に，売買契約を解除する旨の意思表示をした。
　上記解除が有効であるとしたとき，Xが遡求権を保全した上，Yに対して手形金を請求した場合，Yはこれに応じなければならないか。

　隠れた手形保証とは，手形保証の目的で，振出，裏書等他の形式の手形行為をする

ことである。手形保証をすると，被保証債務者の信用の不安定さが手形面上から明らかになることから，実際上，手形保証ではなく，隠れた手形保証が用いられる場合が多い。

　隠れた手形保証については，手形行為の形式に従って取り扱い，保証目的であったことは人的抗弁事由にすぎないこととなる。

　隠れた手形保証をした者が複数いる場合には，特約がない限り，民法465条1項が適用され，負担部分は平等なものとして取り扱われる（最判昭和57年9月7日民集36巻8号1607頁〔百選66事件〕）。

　【Case 5】においては，YはAを被保証者とする隠れた手形保証をしており，手形保証人は保証の意思はあるため，手形保証のみならず，民法上の保証契約の成立も認められるかが問題となっている。

　従前，隠れた手形保証において民法上の保証契約の成立を認めなかった判例（最判昭和52年11月15日民集31巻6号900頁〔百選64事件〕）と民法上の保証契約の成立を推認した判例（最判平成2年9月27日民集44巻6号1007頁〔百選65事件〕）とがあった。

　もっとも，平成16年民法改正により，保証契約の効力要件として，書面性が要求されるようになっており（民446条2項），今日では隠れた手形保証による民事保証契約の成立を認めることは困難になっている。

第8章　さまざまな手形の利用

第1節　手形割引

1　手形割引の意義と機能

　手形割引とは，第三者振出しに係る満期未到来の手形を割引人（金融機関等）に裏書譲渡し，割引人から，満期日までの利息に相当する額や手数料を差し引いた額を取得することをいう。手形割引は，銀行の与信取引の1つである（銀行法10条1項2号）。次の【Case 1】で説明する。

【Case 1】
　Aは，Bから商品を購入し，その代金の支払のため，3か月後を満期とする約束手形を振り出し，Bに交付した。Bは，翌日，この手形を割り引くため，C銀行に持ち込み，同銀行から，この手形と引き換えに満期日までの利息に相当する額や手数料を差し引いた金額を受領した。

　Bは，手形をC銀行に割り引いてもらうことにより，直ちに手形を現金化し，商品の代金を回収できる。またCは，3か月後の満期にAから手形金を回収することにより，Bに支払った分との差額につき利得することとなる。

　また，Aが支払えず，手形が不渡りとなった場合（不渡りについては，**第7章第1節を参照**），Cは，この手形をBに買い戻すよう請求することができる。手形割引に際し，手形外の特約として，BはC銀行との間で買戻しの特約を締結しているからである。（全国銀行協会作成にかかる銀行取引約定書ひな型は，平成12年に廃止されたが，ほぼすべての銀行が，手形割引に際して，買戻特約を締結している）。

2　割引対象たる手形

　銀行が割引対象とする手形は，【Case 1】におけるような，商取引の裏付けがある

手形に限っている。これを商業手形という。商取引の裏付けがない手形，たとえば融通手形は，銀行による手形割引の対象とはならない（融通手形については，**第6章第2節5**を参照）。しかし，商業手形も融通手形も，経済用語にすぎないし，両者は，いずれも法律上は，立派な約束手形であり，外形上区別はできない。このことから，現実には，銀行が誤って融通手形を割り引いてしまうこともある。

　また商業手形であっても，サイト（振出日から満期日までの期間）が長い手形（通常のサイトは3か月程度である）は，銀行に割り引いてもらうことが難しい。たとえば，【Case 1】で，仮にサイトが10か月（お産手形といわれる），1年（七夕手形といわれる）であったとしたら，C銀行に割り引いてもらうことはできないであろう。現実には，Aが自身の優越的な力を背景として，零細事業者であるBに対し，そのような手形の受取りを強いることがある。そのような事態を防ぐため，下請代金支払遅延等防止法（下請法）および建設業法は，当該下請代金の支払期日までに一般の金融機関による割引を受けることが困難であると認められる手形（割引困難手形）の交付を禁止し，下請業者の不利益を防止しようとしている（下請法4条2項2号，建設業法24条の5第3項）。

3　手形割引の法的性質

　手形割引の法的性質をどう理解するかについては，(1)単なる手形の売買であると捉える見解と，(2)割引当事者間に原因関係上消費貸借契約が締結されており，手形はその履行確保のため譲渡されていると捉える見解とがありうる。(2)をとると，利息制限法の適用がありうることとなる。

　判例は分かれている。最判昭和48年4月12日金判373号6頁〔百選89事件〕は，原審の判断を是認するにあたり，当該事件における手形の授受を，「いわゆる手形の割引として手形の売買たる実質を有し，前記金員の交付は手形の売買代金の授受にあたるものであって，これについては利息制限法の適用がない」と判示した。これは(1)をとるものである。他方，最判昭和46年6月29日集民103号293頁は「今日銀行の行なっている手形割引は，通常，銀行が手形割引依頼人に対し，広い意味で信用を供与するための手段として行なっているものに外ならず，割引手形をそれ自体独立の価値ある商品として買い受けることを目的とするものでないことは公知の事実」であると判示し，(2)の理解に親和的である。

第2節　手形貸付け

　手形貸付けとは，貸主が借主に対し，金銭を貸し付けるに際し，借主から手形を徴

求することをいう。銀行の貸付けの方法としては，手形貸付けのほか，貸付けに際し，借用証書を徴求する証書貸付けがあるが，手形貸付けは，権利行使が確実であるところから，広く行われている。ただ，手形貸付けの場合，手形のサイトは短いのが通常なので，満期が来るごとに手形書替を行うこととなる（手形書替については，本章**第5節**を参照）。

　手形を用いた貸付けには，このほかに，商業手形担保貸付け（商担手貸）といって，振出人を異にする複数の手形を一括して担保にし，複数の手形の合計金額につき貸付けを行うという方法もある。

第3節　白地手形

1　白地手形の意義

　厳格な要式証券である手形は，手形要件（手75条）の1つでも欠けた場合には，手形法自身が設けた救済規定（手76条）に該当する場合を除き，無効となる（手76条1項本文）。つまり手形法上は，手形要件を具備し，手形としての効力を生じる完成手形と，手形としての効力を生ぜず，単なる紙切れにすぎない無効手形とをはっきり区別している。

　ところが，実務上，手形要件の一部を欠く手形が，あたかも完成手形であるかのように取り扱われ，広く流通しており，もはや商慣習になっているといってよい（商1条2項）。実務上よくみられるのは，受取人，金額白地，満期白地，確定日払手形における振出日の白地である。たとえば，振出日白地は，手形のサイト（振出日から満期日までの期間）が長い場合に，それを隠すためになされる。

　かかる現実にかんがみ，手形法は，完成手形と無効手形との間に「未完成手形」なる概念を設けた上で，所定の要件の下，署名者が責任を負う旨の規定を置いている（手10条）。かかる「未完成手形」のことを白地手形という。未完成の白地手形は，白地部分が補充されることにより完成手形となる。この補充をする権限のことを補充権という。補充権は形成権の一種であると理解するのが通説的見解である。

　そして，白地手形とは，補充権と補充を条件とする停止条件付金銭債権とを表章した慣習法上の有価証券（＝未完成手形）と理解される。有価証券である白地手形は，法理論上，これら2つの権利を表章しているが，実態としては，後者の条件が補充であるという関係にある。かかる理解は，補充権の消滅時効について議論するときに実益があるため，5(3)で後述する。

2　白地手形の成立要件

(1)　白地手形の無効手形との区別

　未完成手形である白地手形は，手形要件（手75条）を欠くという点では，無効手形と同様である。では，無効手形と白地手形とは，どのように区別されるであろうか。

　考え方としては，①署名者が白地手形を補充する意思の有無で判断すべきという見解（主観説）と②手形の外観上，未完成手形と認められるか否かにより判断すべきとする見解（客観説）とに大きく分かれる。

　①がオーソドックスな立場であり，この立場によると白地手形は，「署名者が，署名以外の手形要件の全部または一部を空白にしたまま，その空白とした要件を後日取得者に補充させる意思で流通に置いた手形」と定義される。つまり，署名者の補充させる意思が補充権の発生根拠となり，この意思により補充権が白地手形券面上に表章されるのである。

　他方，②は，統一手形用紙の利用が広く普及している現在，統一手形用紙を用いたものを白地手形と理解しようとする見解である（客観説）。この見解は，統一手形用紙を用いた銀行実務を合理的に理論化しようとするものであるが，他方において補充権の発生根拠を合理的に説明しえないと批判される。

　そこで，近時は，③主観説から出発しつつも，補充をする意思を抽象的に理解し，白地手形であることを認識し（または認識しうべくして）署名したことと理解する見解も主張されている（折衷説）。これは，手形行為の意思表示に関する形式行為説（第3章第3節5(1)）を白地手形に応用しようとする見解であり，実際上の結論は，ほぼ②と同様になる。

(2)　白地手形となるための要件

　白地手形となるためには，実質的には，補充権が与えられていることが，形式的には，署名がなされていることが，それぞれ必要である。両者につき，解釈上問題とすべき点がある。不当補充に関する4でまとめて説明する。

3　白地手形の流通

　未完成手形である白地手形は，商慣習法上の有価証券である。未完成な有価証券を認める意味は，流通の場面においては，有価証券としての保護を与え，権利行使の場面においては，これを否定するところにあるといえる。したがって，白地手形は，未補充のままで，裏書譲渡または単なる交付によって譲渡することができるし，指名債権譲渡等の方法によっても移転させることができる。相続，合併等包括承継により移

転できることは当然である。

なお，不当補充がなされた場合における善意者の保護については，4で後述する。

4　白地手形の不当補充

(1)　手形法10条の本来的適用場面と趣旨

手形法77条2項・10条は，未完成で振出した手形（白地手形）にあらかじめ「為シタル合意」と異なる補充を<u>なしたる</u>場合において，その違反は，所持人が悪意重過失の場合を除き，所持人に対抗できない旨規定する。下線部が「なしたる」と過去形（または完了形）になっていることに注意されたい。

【Case 2】

Aは，100万円と補充する意思で金額白地の約束手形をBに対して振り出した。BはAから，補充する内容を聞いていたにもかかわらず，1,000万円と補充して，これをCに裏書した。CのAに対する手形金請求につき論ぜよ。

【Case 2】は，手形法77条2項・10条の本来的適用場面である。この場合，同法により，善意無重過失のCは，1,000万円の手形上の権利を取得し，Aに対し請求することができる。

この規定の法的性質であるが，前記2(1)の①の立場からは，手形債務に関する権利外観法理の一種と説明することになろう。他方，同じく前記の②および③の立場からは，Aの具体的意思内容は，手形債務の内容ではなく手形外の事情であるとして，手形法77条2項・10条は人的抗弁（手77条1項1号・17条）の特則と理解されることになろう。なお，後記のとおり，前記③の立場の中には，この場合につき手形法17条を適用すべきと主張するものがある。

(2)　補充権が振出人に留保されている場合（補充権留保）

【Case 3】

Aは，100万円と後日自身で補充する意思で金額白地の約束手形をBに対して振り出した。BはAから，補充する内容を聞いていたにもかかわらず，自ら1,000万円と補充して，これをCに裏書した。CのAに対する手形金請求につき論ぜよ。

【Case 3】においては，Aが補充する意思を留保しつつ，金額白地手形を振り出している（補充権留保）。振出人の意思内容をそのまま白地手形の法律関係に反映させ

る前記2(1)の①の立場からは，当該手形券面上に補充権は表章されていないこととなり，当該手形は無効手形となるはずである。手形取得者（C）の保護は，権利外観法理によることになろう。この場合に，手形法77条2項・10条を類推適用するという立場もありうるかもしれない。

　他方，同じく前記②および③の立場からは，Aの具体的意思内容は，これまた，手形債務の内容ではなく，手形外の事情であると理解される。したがって，手形取得者（C）の保護は，手形法77条2項・10条によることとなる。

(3)　手形所持人が補充した場合

> 【Case 4】
> 　Aは，100万円と補充する意思で金額白地の約束手形をBに対して振り出した。BはAから，補充する内容を聞いていたにもかかわらず，金額が1,000万円であると伝え，金額白地のまま，これをCに裏書した。そして，Cは，Bの言を信じ，1,000万円と補充し，Aに対し手形金の支払を請求した。
> 　CのAに対する手形金請求につき論ぜよ。

　【Case 4】においては，受取人（B）が自ら補充せず，最終所持人（C）が補充している。したがって，Cの取得時には，補充はなされていないわけで，「予メ為シタル合意ト異ル補充ヲ為シタル」と規定している手形法77条2項・10条はそのまま適用にはならない（これに対し，【Case 2】では，Cはすでに補充済みの手形を取得している）。

　前記2(1)の①の立場からは，利益状況が【Case 2】の場合と類似しており，類推の基礎があるとして，手形法10条を類推適用することになろう。もっとも，白地手形を取得するにもかかわらず，金額につき確認を怠ったCには重過失があると認定されるのが通常であろう。

　同じく前記②および③の立場からも，同様の帰結になろうと思われる。ただ，③の立場の中には，この場合を手形法77条2項・10条の適用場面とするとともに，【Case 2】の場面を同法77条1項1号・17条の適用場面であるとする見解も存在している。手形行為に関する意思表示の内容を抽象化し（形式行為説），手形債務者の具体的意思を手形外の事情と理解するため，同法77条2項・10条は，人的抗弁に関する同法77条1項1号・17条の特則と理解されるゆえ，両条の適用範囲の重複を防ごうとしているのである。

(4)　小　括

以上を整理すると，次の表のとおりとなる。

		【Case 2】	【Case 3】	【Case 4】
①	主観説	手形法10条	権利外観理論 (または手10条)	手形法10条
②	客観説	手形法10条	手形法10条	手形法10条
③	折衷説	手形法10条 (または手17条)	手形法10条	手形法10条

(5)　捺印のみの場合

> 【Case 5】
>
> 　Aは，100万円と補充する意思で金額白地の約束手形をBに対して交付した。その際，Aは，手形券面上に，捺印のみをして振り出した。BはAから，補充する内容を聞いていたにもかかわらず，1,000万円と補充して，これをCに裏書した。CのAに対する手形金請求につき論ぜよ。

　【Case 4】までは，白地手形としての外観に問題がないことが前提とされていた。前記のとおり白地手形は，署名者が，署名以外の手形要件の全部または一部を空白にしたまま，その空白とした要件を後日取得者に補充させる意思で流通に置いた手形であり，少なくとも署名があることが，暗黙の前提となっている。これに対し，【Case 5】においては，捺印のみがなされている。これで署名がなされているといえるであろうか。

　署名の要件を具備しないと考えた場合には，当該手形は，外観上無効手形ということになる。取得者（C）の保護は，権利外観法理によることになろう。たとえば，横浜地判昭和33年12月25日判時175号30頁は，民法109条の表見代理の規定を準用する。これに対し，捺印のみでも署名があったといってよいと捉える場合には，後の処理は，【Case 2】に述べたところと同様となる。

5　白地手形による権利行使

(1)　はじめに

　前記のとおり，白地手形に対する有価証券の保護は，流通の場合に限られ，権利行使の場面にまでは及ばない。このことを具体的に理解してもらうため，いくつかの問題について検討する。

(2)　白地手形による請求の効力

　白地手形により，すなわち，白地手形につき補充をせずに白地のままで，これを提示して手形金請求をしたとき，「請求」としての効力が生じるか。請求には，①手形債務者を履行遅滞に陥らせる効力（付遅滞効：民412条2項3項），②手形債務者（遡求義務者）に対する遡求権を保全する効力（遡求権保全効：手43条），③消滅時効の完成を猶予する効力（時効の完成猶予効（ただし裁判上の請求の場合）：民147条1項1号）の3つがあるところ，①および②については，これを否定するのが定説である。

　では③についてはどうか。白地手形に対する有価証券としての保護は権利行使の場面には及ばないという原則からすると，否定すべきという見解になる。ただ，判例（最大判昭和41年11月2日民集20巻9号1674頁〔百選43事件〕）は，満期の記載がある白地手形に関する事案において，白地手形のままでの請求に対し，消滅時効の完成猶予効があることを肯定する。その理由としては，かかる白地手形は，未完成手形のままの状態で，手形上の権利について，時効が進行するため，このこととのバランス上，未完成手形のままの状態で，時効の進行を阻止する措置をとり得なければならないことを指摘している。

　このロジックによると，「満期白地」については，時効が進行するための起算点が定まらず，別のロジックに拠らなければならない。これが(3)の問題である。

　詳しくは，第5章3を参照。

(3)　満期白地手形における補充権の消滅時効

　未完成手形である白地手形は，補充権と補充を停止条件とする手形上の権利が表章されているところ，満期白地手形「以外」の白地手形においては，(2)で述べたとおり，白地のままで，補充を停止条件とする手形上の権利につき時効が進行していく。

　これに対し，満期白地手形においては，前記のとおり，時効が進行するための起算点が定まらないため，手形上の権利についての消滅時効を観念することができない。

　そこで，判例（最判昭和36年11月24日民集15巻10号2536頁〔百選44事件〕）は，この場合についてのみ，前者，すなわち補充権につき時効消滅を観念した上，補充権授与の行為は本来の手形行為ではないけれども「手形その他の商業証券に関する行為」（商501条4号）に準ずるものと解して妨げないとして，債権としての時効期間を考えるべきであるとする。多数説も，同様に考える。

　前記のとおり，補充権は形成権ではあるものの，その行使が停止条件付手形債権の条件成就の内容を成すという関係にあり，しかもそれ以外に独立した適用場面を持たない。債権としての時効期間を観念するのは，このような事情からである。

　ただ，時効期間については，さまざまである。前掲最判昭和36年11月24日は，当時

の商事時効の規定に従い（削除前商522条），時効期間を 5 年としたが，同条が削除された現在では，民法に規定する消滅時効期間（民166条 1 項）に依拠することになるものと推測される。

(4)　白地手形を喪失した者による権利行使と除権決定

　白地手形も未完成ながら有価証券であるので，白地手形を喪失した場合には，公示催告の上（非訟114条），除権決定（非訟118条）により，証券と権利との結合を解く必要があるのが原則である（**第 9 章参照**）。

　ただ，かかる原則によることは迂遠なので，学説は，手形外の意思表示による白地補充，白地手形の再発行請求権といった救済策を提案する。しかし，判例（最判昭和51年 4 月 8 日民集30巻 3 号183頁〔百選81事件〕）は，これらの双方ともに否定している。

第4節　見せ手形

　見せ手形とは，信用を仮装する目的で，あらかじめ手形を他者に譲渡しない旨を約し，資力・信用力のある者に作成してもらう手形のことをいう。次の【Case 6】が見せ手形の事例である。

【Case 6】

　Bは，Aに対し，「Cから金を借りる際に，返済能力があることを示すために，約束手形を借用したい。手形は，Cに見せるだけで，絶対に他に回すことはしない。だから，署名がある約束手形を貸してほしい」依頼し，これを受けたAは，約束手形に金額・署名等所定の事項を記載した上で，これをBに交付した。ところが，前記約束に反し，Bは，この手形を他に譲渡してしまい，結局，事情を知らないDが取得するところとなった。DはAに対して，手形金を請求できるか。

　見せ手形をめぐる利益状況は，融通手形と類似する（融通手形については，**第 6 章第 2 節 5**）。ただ，融通手形においては，手形債務が有効に成立しており，抗弁対抗が問われるにすぎないのに対し，見せ手形においては，債務成立の可否が争点となる。すなわち，【Case 6】においては，そもそも手形債務が有効に成立しているかが問われている。すなわち，【Case 6】のBは，Aから手形を詐取したのだから，民法上詐欺による取消し（民96条 1 項）または，動機が表示されれば錯誤による取消し（民95条 1 項 2 号 2 項）の適用が問題となる。つまり，見せ手形の問題は，意思表示の瑕疵

の規定が手形行為に適用されるかという問題の一場面ということができる。議論の詳細は，**第3章第3節**を参照されたい。

　見せ手形につき，最判昭和25年2月10日民集4巻2号23頁〔百選7事件〕は，「本件手形に署名し，これを任意に……に交付したことが明かであるから本件手形の振出行為は成立したものと云うべきであつて，たといその振出について……手形を詐取された事実があつても，そのような事由は悪意の手形取得者に対する人的抗弁事由となるに止まり善意の手形取得者に対しては振出人は手形上の義務を免かれることはできない」と判示している。「署名し，交付した」ことにより振出が成立するという判決のロジックは，錯誤に関し，最判昭和54年9月6日民集33巻5号630頁〔百選6事件〕が，「手形であることを認識して」署名する意思をもって足りるとする判断とほぼ同様であるといってよい。

　このように，見せ手形に関しては，手形債務の成立それ自体が議論されている。この点で，手形債務が完全に有効に成立し，純粋に抗弁の対抗が問題になる融通手形の問題と区別される（もっとも，形式行為説をとれば，手形であることを認識し（または認識しうべくして）署名すれば，手形債務は有効に成立し，具体的な瑕疵は，すべて手形外の事情，すなわち人的抗弁となる。もっとも融通手形の抗弁とは，同じ抗弁であっても，抗弁としての性格が異なる）。

第5節　手形書替

1　手形の支払を繰り延べる方法

　手形書替とは，手形金を満期において支払うことができない振出人が，不渡りを避けるため，手形の支払を後日に繰り延べる方法の1つである。まずは，支払繰延べの方法全体を鳥瞰するため，【Case 7】をみていただきたい。

【Case 7】
　Aは，Bに対し約束手形を振り出し，BはこれをCに裏書譲渡した。Cは，満期における手形所持人である。Aは，満期において手形金を支払うことができないため，支払の繰延べをしたいと考えている。
　(1)　ABC全員が合意の上で，手形券面上に記載されている満期を変更した。
　(2)　AC間で，手形券面上に記載されている満期を変更した。

　【Case 7】(1)は，当該手形に関わる者全員が合意している場合であるので，支払の

繰延べにつき何ら問題がない。AのみならずBも，変造後の手形署名者として，繰延べ後の満期を前提とした手形債務につき，責任を負う（手77条1項7号・69条）。ただ，すでに手形を手放しているBが満期の変更に合意をしてくれる保障はないし，手形が流通している場合には，Bを探すだけでも一苦労である。現実論としては，【Case 7】(2)のようなことになりがちである。

　ところが，【Case 7】(2)の場合，Bとの関係で満期の変更は変造（手77条1項7号・69条）となり，Bは変造「前」の手形署名者として，繰延べ「前」の満期を前提とした手形債務を負担する（変造について，**第3章第6節**を参照）。したがって，Cは，Aに対し満期の繰延べを約束していても，Bに対する遡求権保全のためには，繰延べ「前」の満期を前提として，遡求権の保全措置（手77条1項4号・43条），すなわちAに対する手形金請求をせざるを得ない。結果として，Aは，支払繰延べの目的を達成できないことになる。

2　手形書替の方法

　そこでAとしては，【Case 8】の方法で，支払繰延べの目的を達成しようとする。かかる方法のことを手形書替という。実務上は「ジャンプ」といわれる。

【Case 8】
　Aは，Bに対し約束手形甲を振り出し，BはこれをCに裏書譲渡した。Cは，満期における手形所持人である。Aは，満期において手形金を支払うことができないため，AC間の了解に基づき，支払の繰延べをしたいと考えている。
　(1)　Aは，約束手形甲と引換えに，後日に繰り延べた満期を記載した約束手形乙を交付した。
　(2)　Aは，約束手形甲を回収せずに，後日に繰り延べた満期を記載した約束手形乙を交付した。

　【Case 8】(1)(2)のいずれも，満期日を後日に繰り延べた新手形（約束手形乙）を発行しており，このような手形の発行のことを手形書替という。当初の満期の旧手形（約束手形甲）に基づく法律関係を原因関係，新手形（約束手形乙）に基づく法律関係を手形関係とみれば，手形発行という手形関係が原因関係の消長にどう影響するかという問題の一適用場面である（**第1章第3節**を参照）。

3　旧手形を回収する場合

　まず【Case 8】(1)であるが，支払繰延べのため，旧手形（旧満期）に基づく手形

債務に代えて，新手形（新満期）に基づく手形債務を負担するのであるから，これは，「支払に代えて」新手形を振り出したといってよい。「支払に代えて」手形を振り出すことは，代物弁済（民482条）であると解されている。代物弁済により，原因関係たる旧手形上の債務は消滅し，新手形に基づく法律関係のみが残る。

　問題となるのは，旧手形（約束手形甲）に担保（例として保証等）が付されていた場合，当該担保が新手形（約束手形乙）上の債務に引き継がれるか，旧手形につき，Ｃが人的抗弁の対抗を受ける悪意者であった場合，かかる悪意が新手形上の関係に引き継がれるかである。

　学説は，新旧両債務は法律上別個であるが，実質的には，満期の点を除き同一であるとして，かかる「承継」を認める。これを実質的同一性説という。実質的同一性説に対しては，説明になっていないとする批判が強いが，結論自体の妥当性については異論がないとともに，代替の説明として適切なものがないのが現状といってよい。

4　旧手形を回収しない場合

　【Case 8】(2)の場合，新旧手形債務は併存する。Ｃは，Ａに対し，旧手形（約束手形甲）により請求することも，新手形（約束手形乙）により請求することもできる。前者の場合，Ａは，Ｃに対し，支払が後日に繰り延べられたことにつき抗弁対抗できるので（手77条1項1号・17条），結果として，いずれで請求しても同じ関係となる。これは，原因関係と手形関係との関係でいうと，「担保のために」手形が振り出されたものと評価できる（**第1章第3節を参照**）。

第9章　手形の喪失

第1節　公示催告と除権決定の意義

　約束手形は，紙に権利が結合した有価証券である。約束手形は，紙であるがゆえに盗難，紛失または滅失の危険性がある。約束手形を盗難，紛失等により喪失した者は，証券を所持していないため権利行使できないし，第三者が当該約束手形を善意取得（手77条1項1号・16条2項）すると，反射的に権利を失うことになる。

　そこで，約束手形の喪失者を保護すべく，権利と証券の結合を解き，善意取得者が生じていない限り，自己の権利を証明することを要せずに手形上の権利を行使することができる制度が有価証券無効宣言公示催告・除権決定制度である。

第2節　公示催告と除権決定の手続

　まず，約束手形を盗取され，紛失しまたは滅失した者は，有価証券無効宣言公示催告の申立てを行う（非訟114条）。約束手形の振出人として署名後交付前の者にも，公示催告の申立権が認められている（最判昭和47年4月6日民集26巻3号455頁〔百選79事件〕）。約束手形に関する公示催告の申立ては，証券上に支払地が表示されていれば，表示されている支払地を管轄する簡易裁判所に行う（非訟115条1項）。有価証券無効宣言公示催告の申立てに際しては，有価証券を特定するために必要な事項を明らかにして，申立てをすることができる理由の疎明が必要である（非訟116条）。

　次に，有価証券無効宣言公示催告の申立てを受けた裁判所は，公示催告の申立てが適法であり，かつ，理由があるときは，公示催告手続開始決定をし，公示催告を行う（非訟117条・101条）。公示催告の具体的な方法は，裁判所の掲示場での掲示および官報掲載であり（非訟102条1項），公示催告の期間は2か月以上とされている（非訟103条）。公示催告では，有価証券の所持人に対し権利を争う旨の申述を期間内に行うように催告し，催告に応じて権利を争う旨の申述をしないと有価証券が無効とされる旨が表示される（非訟117条1項）。

　そして，公示催告に応じて権利を争う旨の申述をした者がいた場合には，公示催告
手続が終了し，申立人と権利を争う旨の申述をした者との間で，訴訟等により，権利
関係が争われることになる。権利を争う旨の申述をした者がいない場合には，除権決
定により，有価証券を無効とする旨の宣言がなされる（非訟118条１項・106条１項）。
除権決定がなされると，公示催告の申立人は，約束手形による権利を手形債務者に対
して主張できる（非訟118条２項）。

第３節　除権決定の効力

> 【Case 1】
> 　Ｚは，Ｙより，商品代金支払のために，約束手形（本件手形）の振出交付を受
> けた。Ｚは本件手形を自宅金庫で保管していたところ，何者かに盗まれたため，
> 本件手形について公示催告の申立てを行い，除権決定が下された。
> 　ところが，公示催告申立て後，除権決定前に，Ｘが本件手形を善意取得してい
> た。
> 　この場合に，Ｘは，Ｙに対して，手形金の請求することができるか。

　公示催告の申立てがなされた約束手形は，除権決定により無効とする旨が宣言され，
権利と紙の結合が解かれ，その効力を失い，単なる紙片になる（非訟118条１項）。以
上のような効力が，除権決定の消極的効力である。除権決定により，約束手形の所持
人は形式的資格を喪失し，また，除権決定後は，善意取得できなくなる。

　また，除権決定により権利と紙との結合が解かれるので，除権決定を得た申立人は
約束手形の呈示を要せず，約束手形による権利を手形債務者に対して主張できる（同
条２項）。以上のような効力が除権決定の積極的効力である。除権決定により，公示
催告の申立人は，権利者たる形式的資格が認められる。

　【Case 1】においては，公示催告の申立てがなされた約束手形を除権決定前に善意
取得した者がいる場合に，除権決定の積極的効力により，公示催告の申立人は，実質
的権利を回復するのかが問題となった。【Case 1】の素材となった判例（最判平成13
年１月25日民集55巻１号１頁〔百選80事件〕）は，手形の公示催告手続において善意
取得者が除権決定までに裁判所に対して権利の届出および当該手形の提出をすること
は実際上困難な場合が多く，除権決定によって善意取得者が手形上の権利を失うとす
るのは手形の流通保護の要請を損なうおそれがあることから，除権決定の効果は，申
立人が実質上手形権利者であることを確定するものではなく，手形が善意取得された
ときは，当該手形の従前の所持人は，その時点で手形上の権利を喪失し，その後に除

権判決の言渡しを受けても，手形上の権利は善意取得者に帰属する旨を判示している。

第4節　白地手形と除権決定

　白地手形の所持人が白地手形を紛失や盗難等で喪失する場合もある。そのような場合，白地手形も，完成手形と同様に，善意取得の対象となる。そこで，白地手形を喪失した者は，善意取得されるのを防ぐため，公示催告の申立てをし，除権決定を求めることができる（最判昭和43年4月12日民集22巻4号911頁）。

　完成手形の場合，除権決定の積極的効力により，除権決定を得た申立人は，権利者たる形式的資格が認められることとなる。もっとも，白地手形の場合，除権決定を得たとしても，除権決定を得た申立人は，あくまでも白地手形の所持人としての資格が認められるにすぎず，権利行使するためには白地部分を補充しなければならず，また，補充の対象となる約束手形を所持しているわけではない。

　振出人が任意に約束手形を再発行し，再発行された約束手形の白地を補充すれば，権利行使はできる（最判昭和45年2月17日判時592号90頁）。振出人が任意に再発行しない場合，除権決定を得た申立人が権利行使する方法としては，①手形外の意思表示により白地を補充する方法，②白地手形の再発行請求をし，再発行してもらった白地手形の白地部分を補充して権利行使する方法とが考えられる。もっとも，判例は，白地手形について除権決定がなされた場合でも，当該白地手形自体が復活するわけではないことから，①の方法を否定し（前掲最判昭和43年4月12日），②の方法についても，除権決定制度は，喪失手形を流通に起きうるのと同一の法的地位を回復する実体的な効果までは想定していないことから否定している（最判昭和51年4月8日民集30巻3号183頁〔百選81事件〕）。学説上は，①の方法や②の方法を認めようとする見解も有力である。

　判例のように①と②の方法を否定する場合には，白地手形の喪失者は，利得償還請求権や原因関係上の権利を行使することとなる。

第10章　手形の時効

第1節　手形の時効

【Case 1】

　Xは，満期昭和46年8月29日，振出人A，受取人兼第一裏書人Yとする約束手形（本件手形）の所持人である。

　Xは，本件手形を支払呈示期間内に，支払呈示したが支払を拒絶された。

　そこで，XがYに対して，昭和48年8月30日，手形金の支払を求める訴訟を提起したところ，YはAの手形債務が昭和49年8月29日に時効消滅し，それによってYの償還義務も消滅したと主張している。

　Xの手形金の請求は認められるか。

　民法上，債権の消滅時効は，原則として，債権者が権利行使できることを知った時（主観的起算点）から5年間，権利行使することができる時（客観的起算点）から10年間とされている（民166条1項）。

　これに対して，手形法は，迅速な手形取引の決済を促進し，手形債務の厳格性を緩和するために，民法上の債権の消滅時効期間とは異なった消滅時効期間を定めている。約束手形の振出人に対する債権は，満期の日から3年（手77条1項8号・70条1項），手形所持人の前者に対する遡求権は，拒絶証書作成の日から1年（手77条1項8号・70条2項），償還義務を履行した裏書人，保証人の前者に対する再遡求権は，手形受戻しの日またはその後者から償還の訴えを受けた日から6か月（手77条1項8号・70条3項・32条3項）とされている。保証人および無権代理人に対する権利については，本人の時効期間と同一とされている（手32条1項・8条）。

　手形債務は，それぞれ独立していることから，特定の遡求権が時効消滅したとしても，約束手形の振出人に対する権利に影響が及ばない。これに対して，約束手形の振出人に対する権利が時効消滅した場合には，振出人に対して権利行使できず，有効な約束手形の受戻しによる再遡求を前提とした手形法77条1項4号・50条1項の趣旨に

合致しないこと，償還義務は主たる債務に付従するものであること，振出人の手形債務について更新・完成猶予のための措置をとらなかった所持人は不利益を受けても仕方がないこと，所持人の損失は利得償還請求権（手85条）によって救済すべきこと等から，信義則に反するような事情がない限り，遡求権それ自体の時効完成を待たずに，消滅する（最判昭和57年7月15日民集36巻6号1113頁〔百選73事件〕）。【Case 1】の基となった事案においては，約束手形の振出人の手形金支払義務について消滅時効が完成した場合には，裏書人の償還義務も消滅すると解しつつ，当該事案において，信義則に基づき，裏書人が償還義務を免れることが否定されている。

第2節　時効の完成猶予と更新

　民法上，時効障害の制度として，時効の完成猶予と更新がある。たとえば，裁判上の請求がなされると，裁判上の請求の終了まで時効の完成が猶予され（民147条1項），確定判決または確定判決と同一の効力を有するものによって権利が確定したときは，時効は更新され，新たに進行することになる（民147条2項）。もっとも，裁判上の請求がなされたが，確定判決等による権利の確定にまで至らず終了した場合には，時効の更新は生じないが，裁判上の請求が終了した時から，6か月間経過するまでは，時効の完成が猶予されることとなる（民147条1項かっこ書）。強制執行等は時効の完成猶予と更新（民148条1項2項），仮差押えおよび仮処分は時効の完成猶予（民149条），催告は時効の完成猶予（民150条1項2項），承認は時効の更新（民152条1項）の事由となる。

　時効の完成猶予・更新は，その事由が生じた者に対してのみ効力を生じるとされていることから（手71条），手形債務者間ではその効力は相対的となる。

1　裁判上の請求と裁判外の請求（催告）

【Case 2】

　Y社は，Aに対して，満期昭和29年8月30日の約束手形1通（本件手形）を振り出し，本件手形はA，BおよびXへと順次裏書譲渡された。XはY社に対し満期に支払呈示をしたが支払を拒絶され，その後，Xは，Y社に対し，本件手形の消滅時効完成の1日前である昭和32年8月29日に到達した内容証明郵便で支払の請求をし，同年9月9日，手形金の支払を求める訴えを提起した。

　この場合，XのYに対する内容証明郵便による支払の請求により，時効の中断（平成29年民法改正後は時効の完成猶予）が生じるか。

　訴えが提起されたときに時効の完成猶予のために必要な裁判上の請求があった旨を規定する民事訴訟法147条においては，相手方への手形呈示が要件とされていないことから，裁判上の請求による時効完成猶予のためには，約束手形の呈示は不要と解されている。また，【Case 2】の素材となった判例においては，裁判外での請求である催告による中断（平成29年民法改正後は，時効完成猶予）の場合も，催告をすれば権利の上に眠れるものではなく，権利行使の意思が客観的に表現されていること，催告は予備的な暫定的なものにすぎないことから，手形の呈示は，不要とされている（最大判昭和38年1月30日民集17巻1号99頁〔百選76事件〕）。

　また，裁判上の請求または催告による時効の完成猶予については，いずれも，権利の上に眠れるものではないことから，手形の所持は不要と解されている（裁判上の請求につき，最判昭和39年11月24日民集18巻9号1952頁〔百選77事件〕）。

2　承　認

　権利の承認による時効の更新（民152条1項）においては，そもそも，承認は権利の存在を認識し，表示したという債務者の行為があれば足りるため，手形の所持・呈示いずれも不要と解されている（大判昭和5年5月10日民集9巻460頁）。

3　訴訟告知

　再遡求権は，手形受戻しの日またはその後者から償還の訴えを受けた日から6か月で消滅時効にかかる（手77条1項8号・70条3項・32条3項）。もっとも，再遡求権を行使しようとする者が訴えられた場合，権利が確定するまで訴えられず，その間に，再遡求権の消滅時効が完成してしまう可能性がある。そこで，再遡求権を行使しようとする者が再遡求義務者に対して訴訟告知（民訴53条1項）をすることによって，確定判決でなく訴訟が終了した場合は終了した後6か月の間は時効が完成せず，確定判決等により訴訟が終了した場合は時効の更新となる旨が規定されている（手86条1項2項）。

第3節　白地補充権の時効

> **【Case 3】**
>
> 　Yは，Xに対して，昭和29年2月ころ，振出日および満期を白地として，金額100万円の約束手形（本件手形）を振り出した。
>
> 　Xは，昭和41年8月ころ，本件手形に，振出日を昭和38年5月6日，支払期日を昭和38年12月20日と記載し，Yに対して手形金を請求した。
>
> 　Yとしては，本件手形の白地補充権が消滅時効にかかっているとして，Xの請求を拒みたいところであるが，認められるか。

　白地手形は，未完成手形として有効であるが，白地手形には，白地部分を補充することができる内容を有する権利である白地補充権と白地補充権の行使によって手形上の権利となるべき条件付権利が表彰されている（白地手形については，**第8章第3節**参照）。

　判例は，満期以外の手形要件が白地の場合，白地補充権自体の消滅時効を観念せず，満期から3年（手77条1項8号・70条1項）で手形債務自体が消滅するとする（最大判昭和41年11月2日民集20巻9号1674頁〔百選43事件〕）。

　これに対して，満期が白地の約束手形の場合について，消滅時効について明文の規定がない。そこで，満期白地手形の消滅時効について，どのように考えるのかが問題となる。判例は，満期が白地の手形については，白地補充権の消滅時効を観念し，形成権ではあるものの，補充権の時効期間を手形に関する行為（商501条4号）に準じて考え，平成29年改正前商法522条を準用して補充権を行使できるときから5年とする（最判昭和44年2月20日民集23巻2号427頁〔百選41事件〕）。そして，判例は，満期白地手形の満期が補充された場合には，満期以外の手形要件が白地の場合と同様に考え，白地補充権自体の消滅時効を観念せず，満期の日から3年間で消滅時効にかかるとする（最判平成5年7月20日民集47巻7号4652頁〔百選42事件〕）。**【Case 3】**についても，振出日に白地補充権を行使できたであろうことから，すでに，白地補充権について5年の消滅時効が完成していることとなろう。

　学説上は，満期が白地の手形については，補充権の時効期間を手形に関する行為（商501条4号）に準じて考えつつ，平成29年改正前商法522条を準用する判例には批判も多く，白地補充権の時効期間は，手形債権に準じて3年とする見解が有力である。また，平成29年民法改正に伴い，商事消滅時効の規定が削除されたため，満期が白地の手形については，手形上の債権と同様に3年とする見解が有力になる可能性も指摘

されている（小塚＝森田154頁）。

第4節　利得償還請求権

1　意義と法的性質

　利得償還請求権とは，手形上の権利が手続の欠缺または時効により消滅した場合に，所持人が振出人，引受人または裏書人に対しその受けた利益の限度で償還の請求をなしうる権利である（手85条）。

　手形は原因関係上の債務の決済手段として用いられることが一般的であり，手形所持人が短期消滅時効や遡求権保全懈怠により手形上の権利を失い，債務者が完全に免責されると，手形の授受により得られた利得を常に保持できることになり衡平に合致しない。そこで，衡平の観点から認められているのが，利得償還請求権である。

　利得償還請求権の法的性質については，債務不履行も不法行為もないため，損害賠償請求権ではなく，不当利得もないことから，手形の厳格性を緩和するため衡平の観点から法が特別に認めた権利とされている（最判昭和34年6月9日民集13巻6号664頁〔百選84事件〕）。また，多数説は，利得償還請求権は，手形上の権利そのものではないが，手形上の権利の変形物と解している。

2　要　件

　利得償還請求権を行使するための要件は，⑴手形上の権利が有効に存在し，償還請求者が権利を有していたこと，⑵時効または手続の欠缺による権利の消滅，⑶利得の発生となっている（手85条）。

⑴　手形上の権利が有効に存在し，償還請求者が権利を有していたこと

　まず，手形上の権利が有効に存在していなければならないので，手形要件の記載を欠く無効手形については利得償還請求権が発生しない。

　次に，約束手形を盗難等により喪失した者については，証券を所持せず，除権決定によって形式的資格を回復していなくも，実質的権利を有していれば，利得償還請求権を行使することができる（前掲最判昭和34年6月9日）。

(2)　時効または手続の欠缺による権利の消滅

【Case 4】

　Yは，Xに対し，消費貸借契約に基づく貸金債務（原因債務）の返済のために，約束手形（本件手形）を振り出した。

　Xは，満期に支払場所で支払呈示をしたが支払を拒絶され，本件手形の消滅時効期間，原因債務の消滅時効期間のいずれも経過後に，Yに対して手形金の支払を求めて訴訟提起した。

　この場合に，XはYに対し利得償還請求権を行使することができるか。

---

　(2)の要件については，所持人がすべての手形債務者に対する手形上の権利を失ったことや原因関係上の救済手段もないことも必要かが問題となる。

　判例は，所持人がすべての手形債務者に対する手形上の権利を失ったことが必要であり，償還請求をしようとする相手方に対する手形上の権利が消滅しただけは足りないとする（大判昭和3年1月9日民集7巻1号1頁）。また，判例上は，手形上の権利がすべて消滅したことに加えて，原因関係上の権利も消滅したことが必要であり，原因関係上の権利が時効により消滅した場合については利得償還請求権が発生しないとする（最判昭和38年5月21日民集17巻4号560頁〔百選83事件〕）。【Case 4】においては，判例の理解を前提とすると，原因関係上の権利が時効により消滅しており，利得償還請求権が発生しないこととなる。

　学説上は，原因関係上の権利も消滅したことについては，(3)利得の発生で考慮すべきとの見解が有力である。

(3)　利得の発生

　手形の支払手段性より，利得償還請求権が認められていることから，利得の発生については，手形上の債務を免れたことによるものでなく，手形授受の原因関係上の対価や資金関係上の資金として得た利得が必要となる。

3　行使と譲渡の方法

　利得償還請求権の譲渡や行使の際に，手形の所持が必要かについて学説上争いがあり，利得償還請求権が指名債権であることを強調すると，手形の所持は不要であるとの見解が導かれ，利得償還請求権が手形の変形物であることを強調すると，手形の所持が必要であるとの見解が導かれやすい。

4　消滅時効

　利得償還請求の消滅時効については，判例（最判昭和42年3月31日民集21巻2号483頁）は，利得償還請求権の法的性質を手形上の権利の変形物と捉え，商法501条4号の「手形…ニ関スル行為」によって生じた債権に準じて取り扱い，平成29年改正前商法522条を類推適用して，消滅時効期間は5年と解していた。平成29年商法改正により，商法522条は削除されたことから，債権の消滅時効（民166条1項）が適用されるとの見解もある（弥永222頁）。

第4編◆為替手形と小切手

第1節　為替手形

1　為替手形の意義

　為替手形とは，A（振出人）がC（支払人）にあてて，一定の期日（満期）に一定の金額（手形金額）をB（受取人）に支払うことを委託する支払委託証券である（手1条2号）。為替手形の振出人は，裏書人・手形保証人と同様，手形の支払を担保する合同責任を負う者にすぎず，手形法上，主たる義務者として手形の支払をすることとされているのは，支払人（手1条3号）である。しかし，為替手形の支払人は，手形の支払引受を担保することによってはじめて手形の主たる債務者としての引受人となる（手28条1項）にすぎず，当然に手形金の支払義務を負うわけではない。そこで，所持人は，手形が支払人によって満期に支払われるかどうかを，いつでも支払人に手形を（引受のために）呈示して確認することができる（手21条）。

　支払人が引受を拒絶した場合，所持人が満期に支払を受ける可能性は少ないから，引受を拒絶された所持人は支払を委託した振出人に対し，満期前に手形の支払を求めることができる（手43条後段・満期前の遡求）。引受けされた場合でも，引受人が満期に支払拒絶する場合がある。また，支払人が満期に支払を拒絶する場合もある。これらの場合，所持人は，振出人に手形の支払を求めることができる（手43条前段・満期後の遡求）。

　為替手形では，通常，振出人と支払人との間に何らかの実質的な法律関係（資金関係）がある。以下では約束手形・小切手と比較しつつ，重要な制度を中心に解説する。

2　為替手形の振出

(1)　為替手形要件

　為替手形には必要的記載事項，すなわち法律が必ず記載することを要求しており，これを欠くと原則として為替手形としての効力を生じない事項がある（為替手形要

件：手1条）。①為替手形文句，②支払委託文句，③手形金額，④支払人の表示，⑤満期の表示，⑥支払地，⑦受取人，⑧振出日・振出地，⑨振出人の署名である。

　④支払人とは，支払委託証券である為替手形が振り出される場合の名宛人である。同一人が振出人と支払人を兼ねること（自己宛手形。手3条2項）も，振出人と受取人を兼ねること（自己受手形・自己指図手形。3条1項）も，振出人，受取人，支払人の3つの資格を兼ねてもよい。

【図表1　為替手形の記載例】

（出所）　一般社団法人全国銀行協会「動物たちと学ぶ　手形・小切手のはなし」37頁

(2)　振出の意義

　為替手形の振出は，振出人が手形要件を記載した基本手形を作成し，受取人に交付することである。約束手形の振出行為は，振出人が支払を約束する効力をもつが，為替手形では支払人に支払を委託する効力をもつ点で異なる。すなわち，振出人は，振出によって，①支払人に対し振出人のために支払する権限を与えると同時に，②受取人に対し支払を受領する権限を与えることになる。

　このうち，①の支払人と振出人の関係を資金関係といい，②の振出人と受取人と関係を対価関係という。

3　為替手形の引受

(1)　引受の意義

　為替手形に特有の制度は，引受である。引受とは，為替手形の支払人が手形金額を支払うことを目的としてする手形行為（債務負担行為）であり，為替手形の主たる債務者は引受人である。支払人とされた者が引受することによって初めて手形の主たる債務者となる。

　引受の方式は，手形に引受文句を記載して，支払人が署名する方法で行われる（手25条1項）。

　支払人と引受人の同一性を認定する基準について，判例・多数説は，支払人と引受

人とは実質的に同一であるだけでなく，形式上も同一であることを要する，とする。

(2)　引受のための呈示

手形の所持人は，満期まではいつでも，支払人の住所で，引受のために手形を呈示することができる（手21条）が，法律上は引受呈示をすべきかどうかは所持人の自由に任されている。これを引受呈示の自由という。

(3)　引受の効力

支払人は，引受によって，満期に手形の支払をする義務を負担する（手28条1項）。引受した支払人は，引受人（手形上の主たる義務者）となる。引受人は，最後の手形所持人だけでなく，遡求義務を履行して手形を請け戻した者（振出人を含む）に対してもこの義務を負担する（同条2項）

4　為替手形の機能

【Case 1】
　A会社は，ロンドンのB会社からα商品を輸入し，その代金を，為替手形を利用して送金したいと考えている。どのように行えば良いのであろうか。

(1)　送　金

為替手形は，遠隔地への送金の手段として用いることができる。為替手形1枚で送金ができれば，多額の現金を輸送するリスクを避けることができるからである。

B会社から商品を輸入したA会社は，その代金の支払のために為替手形を発行することとした。まず，A会社は，売買代金相当額の現金を東京の甲銀行に払い込んで為

【図表2　為替手形による送金の例】

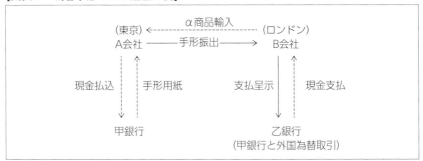

替手形を振り出す。手形金をロンドンのB会社に受け取らせるために，甲銀行は，甲銀行と外国為替取引を結ぶ乙銀行を支払人としておく。A会社はB会社に為替手形を郵送する。ロンドンで為替手形を受け取ったBは乙銀行からポンド建てで支払を受けることができる。この方法をとれば，AはBに送金することができる。

(2)　取　立

【Case 2】
　A会社は，ロンドンのB会社に対し β 商品を輸出し，その代金を，為替手形を利用して取立したいと考えている。どのように行えばよいのであろうか。

　為替手形は，遠隔地からの取立の手段としても用いることができる。

　B会社に対し商品を輸出したA会社は，その代金の支払のために為替手形を発行することとした。まず，A会社は，B会社を支払人とする為替手形を振り出し，それをC銀行に買い取らせ，代金相当額の支払を受ける。甲銀行は，甲銀行と外国為替取引を結ぶ乙銀行に為替手形を郵送し，手形金の取立を依頼する。ニューヨークのD銀行はBから手形金の支払を受けることができる。

【図表3　為替手形による送金の例】

　【Case 2】は，一般に荷為替手形が使われる。荷為替手形では，運送中の物品に関して発行された船荷証券や貨物引換証を担保として為替手形を割り引く方法が使われる。甲銀行が乙銀行に為替手形を送付する際には，ここに船荷証券も添付される。乙銀行はB会社が手形金を支払ったならば，それと引換えに船荷証券を引き渡す。船荷証券を受け取ったB会社は，船荷証券と引換えに船会社から商品を受け取ることができるとするものである。

第2節　小切手

1　小切手の意義

【Case 3】
　AはBとの間で合計1,000万円の車の売買契約を締結した。Aは甲銀行に1,000万円を預金しており，これを代金の支払に使いたいと考えている。どのような方法があるだろうか。

(1)　小切手制度の概要

　A・B間売買契約でAが代金の支払をする場合，金銭債務であるから原則として債権者Bの現在の住所においてなされなければならない（持参債務：民484条1項）。100万円程度の金銭債権の弁済ならば現金でもよいが，1,000万円のように高額な債権の場合，債務者が現金で弁済しようとするとこれを持ち歩くことは，紛失・盗難の危険性が高くなる。このような場合に小切手が使われる。

　「小切手」とは，その発行者（A：振出人）が，支払人（銀行：甲）に宛て，小切手の受取人（B）その他の正当な所持人（Bから小切手を譲り受けたC等）に対し一定の金額の支払を委託する有価証券である（小1条2号）。Aは甲にあらかじめ預金（当座預金）をしておき，Aが発行する（振り出す）小切手について甲がその預金口座が支払をする旨の契約（小切手契約）を締結し，小切手帳の交付を受ける。Aは甲を支払人とする1,000万円の小切手を振り出し，Bに渡す（交付する）。Bは小切手を甲に呈示して支払を受ける。こうすればAは現金の代わりに小切手1枚を持ち歩くだけで済む（現金の代替物。小切手は振出日を含めて11日以内に支払呈示が必要である（小29条1項））。

　また，Bは受け取った小切手を他人（C）に譲渡（裏書）することもできる。その際，小切手は，小切手という1枚の用紙に必要事項を記載すればそこに記載された一定の金額の支払請求権が成立し，その用紙の上に債権が結合する。その小切手を他人に渡せば（交付），その交付を受けた者が権利者と推定され，権利行使できる。小切手という1枚の用紙と権利が結びついているから，二重譲渡の危険はなく，第三者対抗要件を備える必要はない。

　紙の上に一定の権利を結合（表章）した有価証券は，権利を可視化するものであり，同じ有価証券である，前述**第1節**の為替手形とは支払委託証券であるという点で類似

する点もあるが，小切手は現金の代わりに簡易かつ安全に支払を行う手段として利用される点で異なる。なお，以下では実務上活用されている重要な制度を中心に解説する。

(2)　小切手と手形の相違

小切手と，支払委託証券である為替手形と支払約束証券である約束手形の相違点をまとめると次のようになる。

約束手形においては，振出人（A）が，受取人（B）に対し，自己が振出人として支払を約束して証券（約束手形）を振り出すところ，このような支払約束文言（手形券面上に記載されている）は，債務負担の意思表示であり，振出人は第一次的義務者となる。約束手形においては，法律関係は，振出人・受取人間の二当事者関係が基本である。

これに対し，為替手形や小切手は，振出人（A）は，第二次的義務者（遡求義務者）にとどまる。まず為替手形について説明すると，振出人（A）は受取人（B）に，支払人（C）に対して満期における支払を委託するべく証券（為替手形）を振り出すものであり（支払委託），法律関係は，振出人（A）・受取人（B）間のみならず，振出人（A）・支払人（C）間の三当事者関係となる。前者を原因関係，後者を資金関係という。また，支払人（C）は，支払委託に対しそれを承諾するか否かの自由を有し，引き受けの署名（引受署名）をして初めて，引受人（C）として，手形の第一次的債務者となる。振出人（A）は，支払人（C）が引受拒絶・支払拒絶したときに第二次的債務（遡求債務）を負うにすぎない。つまり，引受人（C）が現れるまで，為替手形には，第一次的債務者は存在しないのである。

次に，小切手の法律関係をみると，小切手は支払委託証券であり，為替手形と同様に，三当事者関係に立つ。ただし，為替手形のように長期間流通することを予定しない小切手では，引受が禁止され（小4条），現金代替物として短期間で決済されるように支払人を銀行に限り（小3条），銀行の信用により支払手段として用いられることにしている。

2　小切手の振出

(1)　小切手要件

小切手には必要的記載事項（小切手要件），すなわち法律が必ず記載することを要求しており，これを欠くと原則として小切手としての効力を生じない事項がある（小切手要件：小1条）。①小切手文句，②支払委託文句，③支払人の名称，④支払地，⑤振出日と振出地，⑥振出人の署名である。手形と異なり，満期と受取人は含まれて

いない。受取人の記載がないのは，持参人払式とされているからである。

【図表 4　小切手の記載例】

(出所)　一般社団法人全国銀行協会「動物たちと学ぶ　手形・小切手のはなし」36頁

(2)　支払証券としての性質

支払証券である小切手には，次の特徴がある。

①　一覧払性

小切手は，一覧払でなければならない（小28条）。現金代替物である小切手においては，支払呈示があればすぐに支払されるようにする必要があるからである。これに反する記述をしても，その記述は効力を有しない（無益的記載事項）。小切手は，持参人払式で振り出されるが，裏書により譲渡することもできる（小14条 1 項）。

②　支払呈示期間

小切手の所持人は振出地および支払地が国内にある小切手を，振出日の日付後10日以内（初日不算入（小61条）のため。振出日を含めれば11日以内）に支払呈示しなければならない（小29条 1 項）。現金代替物として用いられ，手形のように信用証券としない趣旨である。

【Case 4 】

　Aは資金繰りが苦しく，月末になれば支払ができるため，令和 x 年 9 月15日に振出日を「令和 x 年10月 1 日」と記載した小切手を，10月 1 日以降に請求するように求めてBに交付した。このような記載は有効だろうか。またBは 9 月20日に取引銀行を通じて支払請求したが，それは認められるのであろうか。

　Aのように資金繰りに苦労する振出人が，小切手をすぐ現金化されることを防ぐために，実際に振り出された日よりも将来の日を記載することがある。これを先日付小

切手といい，そのような記載も有効である。もっとも，小切手法は，一覧払制度を貫徹する観点から，先日付を無視して振出日よりも前に支払呈示することができ，その場合は呈示の日に支払うべきであると規定する（小28条2項）。それでは，当事者間の合意として，先日付日まで支払呈示しないという特約が有効かについては議論がある。大阪地判昭和40年2月15日民集16巻2号248頁は，当該合意に反して小切手を呈示した所持人に，不渡りとなった振出人に対する損害賠償責任を認める。しかし学説では，無効説も有力である。

③　支払人

為替手形と異なり，支払人は銀行に限られる（小3条：信用金庫など銀行と同視されるものも含まれる（小59条））。その趣旨は，支払人を振出人の金庫番兼支払担当者とするところにあるといわれている。もっとも，銀行以外のものが支払人になったとしても，小切手が無効になるわけではなく，振出人に過料の制裁が科されるにすぎない（小3条ただし書・71条）。

(3)　当座勘定取引契約

小切手を利用するためには，Aは，支払人である甲銀行との間であらかじめ当座勘定取引契約を締結しておく必要がある。これは，銀行に当座預金口座（決済専用の口座）を開設し，そこから当該銀行を支払担当者として手形や小切手による支払を行うようにするための基本契約であり，小切手を利用するための小切手契約も，その中に含まれている。当座勘定取引契約は一種の委任契約であり，甲銀行は，当座勘定取引契約に基づく受任者として支払の委託を受け，事務処理を行う。支払の委託は，当座勘定取引契約とは別に，小切手に支払委託文言が記載されている（小1条2号）ことから，小切手の振出によってもなされるが，銀行の支払義務は，小切手の記載によってではなく，当座勘定取引契約によって生じるにすぎない。

当座勘定取引契約が締結され，甲銀行からAに小切手帳が交付される。これを用いて，Aは，甲銀行を支払人とする金額1,000万円の小切手をBに対し振り出すことができる。Aは，当該小切手を直接Bに渡すことも，郵送することもできる（送金小切手）。手形と異なり，現金代用品であるから，小切手には印紙代がかからない。

当該小切手を受け取ったBは，直ちに自己の取引銀行である乙銀行に取立委任をし，手形交換所を通じて決済し，当該小切手の支払を受けることができる（金銭の移動は，銀行間で行われる）。

【図表5　小切手による支払の仕組み】

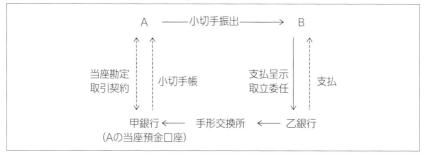

⑷　小切手の提供と債務の本旨に従った弁済

前記⑶の例で，Bが，乙銀行を通じて小切手の支払を受けた場合は，債務の本旨に従った弁済（民493条）としてAの債務は消滅する。しかし，単に小切手を提供しただけでは，特別の意思表示または慣習がないかぎり，債務の本旨に従ったものとはいえないと解されている。最判昭和35年11月22日民集14巻13号2827頁は，銀行の自己宛振出小切手あるいは銀行の支払保証ある小切手のごとき，支払確実であることが明白なものでないかぎり，支払の必然であることの保証がないとして，単に銀行を支払人とする小切手を提供しただけでは弁済の効力を生じないものとする。さらに，最判昭和37年9月21日民集16巻9号2041頁は，金銭債務の弁済のため，取引界において通常現金と同様に取り扱われている銀行の自己宛振出小切手を提供したときは，特段の事情のないかぎり，債務の本旨に従った弁済の提供があったものと認めるべきであるとする。

銀行の自己宛振出小切手（Cashier's Check，預手）とは，支払銀行が自ら振出人になった小切手である。振出人である銀行が小切手の所持人に対して支払責任を負うのであるから，現金と同様にほぼ確実に支払を受けることができる。このように，小切手については，預手を提供して初めて，現金の提供と同等と評価されることになる（なお，支払保証（小53条）は実務上使われていない）。

3　線　引

⑴　意　義

小切手の不正支払が起こらないように，小切手には線引制度が設けられている（小37条）。これは，不正に小切手を取得した者が小切手の支払を受けることができないようにするとともに，仮に支払を受けたとしても，その不正取得者を特定できるようにすることを目的としている。線引きは，小切手の表面に二条の平行線を引くだけで

あり，簡便である。

(2)　一般線引と特定線引

　線引には，一般線引と特定線引がある。一般線引とは，二条の平行線の中に何の記載もしないかあるいは銀行やBank等の記載をしたものであり，特定線引とは平行線の中に特定の銀行名を記載したものである。前者を後者にすることはできるが，その逆はできない（小37条4項）。線引による制限については，【図表6】のとおりである。その制限に違反して銀行が支払を行った場合には，当該銀行は小切手金額を限度とする損害賠償責任を負う（小38条5項）。この責任は無過失責任と解されている。

(3)　自己の取引先

　自己の取引先とは，一般に，預金関係がある，手形割引を受けた等，継続的な取引関係がある者であって，その素性が知れた者であると解されている。当座勘定取引契約を締結する場合には，銀行は，厳格に身元を調査するから，同契約のある者が取引先の典型例である。普通預金の口座があるものは，取引の継続性や預金額との点で問題がなければ取引先と扱うことができる。

(4)　裏　判

【Case 5】
　Aは小切手の紛失・盗難のリスクを避けるため，甲銀行から交付された小切手すべてを一般線引小切手としておいた。その後，新しい取引先Cと契約し，代金を小切手で支払おうと考えているが，それは認められるであろうか。なお，Cは甲銀行の取引がないものとする。

　前述(2)のように一度線引をすると抹消することはできないため，銀行と取引のない者が小切手を受け取ったら換金のしようがないことになる。これについて，振出人が線引小切手の裏面に銀行届出印を押すと，それにより線引の効力が解除されたものとして取り扱うものとされている。この制度を「裏判」という。最判昭和29年10月29日集民16号325頁〔百選102事件〕は，裏判につき，当事者間において一般線引の効力を排除する旨の合意をしたものであり，そのような当事者間の合意をもって，当事者間のみにおいて線引の効力を排除することは何らこれを禁ずべき必要はないと判示する。これを踏まえて，【Case 5】では，Aは線引小切手につき，裏判を押すことで線引の効力を個別的に解除すればよいことになる。

【図表6　線引による制限】

	支払銀行による支払	銀行による取得・取立委任
一般線引	自己の取引先または他の銀行に対してのみ支払うことができる（小38条1項）	銀行は，自己の取引先または他の銀行からのみ取得・取立委任を受けることができる（小38条3項）
特定線引	指定された銀行に対してのみ支払うことができる（小38条2項）	
	被指定銀行が支払銀行の場合，自己の取引先に対してのみ支払うことができる（小38条2項）	

【図表7　線引小切手の例】

●一般線引

▲二条の平行線の間に「銀行渡り」「銀行」などの文字が入る場合もある。

●特定線引

▲二条の平行線の間に特定の金融機関名を記入したもの。

●裏判

◀表面の振出人欄に押捺したものと同じ印章を小切手の裏面に押捺する。

（出所）　一般社団法人全国銀行協会「動物たちと学ぶ　手形・小切手のはなし」19頁，37頁

第5編◆手形・小切手の電子化と新たな決済制度

第1節　電子記録債権の手形的用法

1　電子記録債権の手形的利用──紙による決済から電子決済へ

> 【Case 1】
> 　Aはかねてより約束手形を使ってきたが，会社の金庫に約束手形を保管していたところ，失火のため焼失してしまった。このような事態を避けるためにどのような方法があるだろうか。

　決済手段としての約束手形（第3編）のメリットは，一枚の「用紙」の上に債権が表章されるため，債権の存在を証明（可視化）できる点にある。これにより，債権の発生や移転（たとえば，BがCに債権を譲渡（裏書）する場合）が証明しやすくなる。反面，【Case 1】のように約束手形「用紙」それ自体の紛失や盗難の危険性がある。また，手形金額が10万円以上の手形については印紙税が課される（印紙税法8条・2条，別表第一第6項の番号三）ことから，その利用は減少の一途をたどっている。

　そこで，紙の約束手形に代わるものとして，電子記録債権が活用されている。特に，これまで約束手形を多く利用してきた中小企業における決済や企業間における信用取引の手段として利用されることが期待される。電子記録債権を取り扱うのは電子債権記録機関であるが，当該機関ごとに，業務規程に口座間送金決済や支払に関する契約を定めるため，それぞれ独自の支払・決済サービスを提供することができる（電子債権56条・59条）。そのサービスを銀行等に委託できるので（同法58条），メガバンクが電子記録債権は電子手形等の形で活用しているほか，約束手形等と同様に全銀行参加型のスキームとして全国銀行協会（全銀協）の「でんさいネット」も稼働している。

ここでは，「でんさいネット」による手形的利用を念頭に①発生記録，②譲渡記録，③支払等記録の３つの段階に分けて解説する。

【図表１　「でんさいネット」による取引】

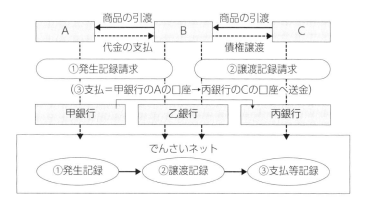

＊全国銀行協会「でんさいネットの仕組みと実務」（http://www.densai.net/Pamphlet.pdf）をもとに作成

2　電子記録債権の発生

(1)　電子記録債権とは

　電子記録債権とは，「発生又は譲渡」について「電子記録」を要件とする「金銭債権」をいう（電子債権２条１項）。すなわち，電子記録債権は，既存の指名債権や指図債権とは異なる金銭債権と位置づけられ，それは電子記録によって新たに発生することになる。したがって，売掛代金債権を電子化するというのは，当該債権それ自体が電子化されるのではなく，当該債権とは別の新たな債権として電子記録債権が発生し，その電子記録債権が電子的に流通・決済されることになる。これは，売掛代金の支払（原因債権）のために約束手形を振り出すと，原因債権とは別に手形債権が発生し，それが手形という書面に結合するのと同様の関係が成り立つことになる。

　電子記録債権は「金銭債権」であるため，物の引渡請求権等を電子記録債権とすることはできない。電子記録債権の対象を金銭債権とすることで電子的な流通性や決済を行いやすくしているのである。

　また，電子記録債権についても取引安全の保護の要請が働く。たとえば，意思表示の瑕疵のうち，錯誤，詐欺・強迫により意思表示が取り消された場合の第三者（民95条１項・96条１項２項））について，第三者（強迫の場合は取消し後の第三者）が

「善意・無重過失」であれば保護するものとされ（電子債権12条1項），民法の無権代理人の責任（民117条2項2号）の特則として，相手方に「重大な」過失がない限り無権代理人の免責を認めないとした（電子債権13条）こと等である。

(2)　電子記録債権の発生とは

①　発生記録

通常の電子記録債権は「発生記録」をしたときに生じる（電子債権15条。なお，4(1)②で後述する電子記録保証（同法31条）および特別求償権（同法35条）を除く）。したがって，取引の当事者が電子記録債権を発生させるには，原則として当事者（電子記録権利者と電子記録義務者）の「双方」が，電子債権記録機関に発生記録の請求を行うことが必要であり（同法5条1項），これを受けた電子債権記録機関が記録原簿に発生記録を行う（同法7条1項）ことで電子記録債権が発生することになる。「共同」でではなく，「双方」と規定している趣旨は，当事者が別々に請求することも許容するためである。別々にこうした場合，すべての当事者が電子記録請求をしたときに電子記録の請求の効力が生じる（同法5条3項）。

②　でんさいの場合

ただ，決済手段としては，約束手形の振出のように債務者が単独で振り出すことができるようにする方が簡便である。そこで，でんさいでは，「双方」請求の要件を満たしつつ，手形の振出に類似した簡便な手続方法を用意する。

まず，債務者請求方法は，債務者が債務者の指定参加金融機関を通じて単独で記録請求を行う方式である。この場合，記録請求を受け付けた記録機関が記録原簿に電子記録を行った時点で電子記録債権が成立するが，その後，記録機関は当該電子記録の内容を債権者に通知し，債権者に異議がある場合には，通知から5営業日以内に単独で当該記録を削除する旨の変更記録請求を行うことができる（株式会社全銀電子債権ネットワーク業務規程（以下「業務規程」26条）。

次に，債権者請求方法は，債権者から記録請求を行う方式である。この場合，債権者から発生記録請求を受け付けた記録機関は，当該請求内容を債務者に通知し，通知日から5営業日以内に債務者が承諾した場合に限り，発生記録を成立させるというものである（業務規程27条）。この期間内に債務者から承諾がなかった場合には，否認されたものとして扱われ，発生記録は成立しない（みなし否認）。

3　電子記録債権の記録事項

(1)　発生記録事項

①　概　要

電子記録債権の発生記録事項には，⑴必要的記録事項（電子債権16条1項）と⑵任意的記録事項（同条2項）がある。その特徴は，⑴により，約束手形と同様に法律で記載事項を明確にして権利が発生されたか否かを明確にする一方で，約束手形のように「用紙」がないため，⑵により詳細な取り決めを電子記録債権に盛り込むことができる点にある。記録事項の概要は下記のとおりである。

まず，必要的記録事項とは，記録することが必須である事項であり，主なものを取り上げると，①債務者が一定の金額を支払う旨，②支払期日（確定日に限る），③債権者と④債務者の氏名（名称）と住所，⑤記録番号（発生記録または分割記録をする際に一の債権記録ごとに付す番号），⑥電子記録の年月日であり，このうち①〜④のいずれかの記録が欠けているときは，電子記録債権は発生しないことになる（電子債権16条1項3項）。

次に，任意的記録事項とは，金銭債権として成立するために不可欠とまではいえない事項であるため，当事者が記録することを選択した場合に限って記録できる事項である。主なものを取り上げると，①口座間送金決済（電子債権62条）に関する定め，②①以外の支払に関する契約（同法64条），③利息，遅延損害金，違約金についての定め，④期限の利益の喪失についての定め，⑤譲渡記録，保証記録，質権設定記録，分割記録をできないとする旨，または，これらの電子記録について回数の制限その他の制限をする旨の定め等である。

②　でんさいの場合

このようにかなり任意に定めをおくことができるが，手形のように短期間で大量に決済することを想定した場合，ある程度定式化する必要がでてくる。そこで，決済の手段として利用されるでんさいでは，業務規程（電子債権7条2項）によって一定の事項について記録を制限（同法16条5項）することとした。そこで規定されているのは，⑴譲渡禁止債権（譲渡禁止特約）は認めないほか，⑵債権金額を1万円を下回る発生・分割記録請求，⑶債権金額を100億円以上とする発生記録，⑷支払期日を発生日から10年超の日付とする記録，⑸債権者，債務者を複数とする記録（連帯債権，連帯債務）はそれぞれ禁止されるもの等である（業務規程30条・36条，株式会社全銀電子ネットワーク業務規程細則（以下「細則」17条・29条）。また，でんさいの利用者はわが国に居住する法人，個人事業主，さらに国・地方公共団体に限られ，反社会的勢力に属す者を排除する等の制限を加えている。

【図表2　発生記録】

```
(債務者情報)
　・名　　　称……A会社代表取締役X
　・住　　　所……東京都千代田区神田神保町○－○－○
　・決済口座……甲銀行△支店　(当座) 12345
(債権者情報)
　・名　　　称……B会社代表取締役Y
　・住　　　所……東京都新宿区新宿○－○－○
　・決済口座……乙銀行□支店　(当座) 67890
(債権金額) ¥10,000,000円
(支払期日) 202X年10月1日
(支払方法) 口座間送金決済
(記録番号) M0001
```

4　電子記録債権の譲渡

(1)　譲渡記録

①　概　要

　電子記録債権の譲渡は，「譲渡記録」をしなければ効力を生じない（電子債権17条）。譲渡記録には，手形法における権利移転的効力（手14条1項）と同様の効力がある。譲渡記録の内容についても，発生記録と同様に電子債権記録機関への記録が要求される（電子債権18条）。ここで注意すべきであるのは，電子債権は，発生記録の任意記録事項により，譲渡方法を制限することができる点である。すなわち，発生記録において，①譲渡禁止や譲渡回数制限を付すこと等が記録されている場合，②電子債権記録機関による制限が記録されている場合（同法16条2項12号15号）には，電子債権記録機関は，その記録の内容に抵触する譲渡記録をしてはならない（同法18条4項）。これは，電子記録債権を単純な手形の代替として利用する場合だけではなく，シンジケート・ローン（複数の金融機関がシンジケート団を組成して，単一の契約書のもとに同一条件で借入人に対して融資を行う貸付のこと）等高度な決済のために利用することが想定されているからである。

　具体的な記録事項は次のとおりである。

　まず，必要的記録事項とは，記録することが必須である事項である（電子債権18条1項各号）。①電子記録債権の譲渡をする旨，②譲渡人が電子記録義務者の相続人であるときは，譲渡人の氏名・住所，③譲受人の氏名（名称）・住所，④電子記録の年月日である。譲渡記録においては，譲渡人の氏名等は記録されない。これは，発生記録または直前の譲渡記録を見れば明らかであるから，重ねて記録する必要がないからである。

次に，任意的記録事項とは，金銭債権として成立するために不可欠とまではいえない事項であるため，当事者が記録することを選択した場合に限って記録できる事項である（電子債権18条2項各号）。その主なものは，①発生記録において債務の支払を債権者口座に対する払込みによってする旨の定めが記録されている場合において，譲渡記録にあたり譲受人が譲受人の預金または貯金の口座に対する払込みによって支払を受けようとするときは，当該口座，②譲渡人と譲受人との間の通知の方法についての定めをするときは，その定め，等である。

② 分割記録，保証記録と特別求償権，記録事項の変更

約束手形では，約束手形「用紙」を用いるため，分割譲渡に当たる一部裏書は無効とされている（手12条2項）。これに対し，「用紙」を用いない電子記録債権にあってはそのような制約を設ける必要がないため，分割譲渡をすることができる。この場合，分割記録（電子債権43条）をすることが必要である。分割譲渡が認められるため，少額の支払に充てることができる。分割により，独立した複数の電子記録債権が発生するから，その一部に支払の免除や消滅時効の成立があっても，他の電子記録債権には影響を及ぼさないという効果も生ずる。

次に，電子記録保証とは，電子記録債権にかかる債務を主たる債務とする保証であって，保証記録をしたものである（同法2条9項・31条）。電子記録債権法には，手形法における担保的効力（手15条1項）は設けられていない。そのため，手形と同様に裏書人に遡求義務を負わせるには，電子記録債権の譲渡記録に，譲渡人を保証人とし譲受人を債権者とする電子記録保証を伴わせるという方法が必要となる。主たる債務者と電子記録保証人（複数の電子記録保証人がいる場合もある）の間の関係は合同責任となるように，電子記録保証には催告の抗弁（民452条），検索の抗弁（民453条），連帯保証人に生じた事由等（民456条〜458条），商行為の連帯保証（商511条2項）は適用されない等の規律がある（電子債権34条1項）。

また，特別求償権（電子債権35条）とは，(1)発生記録によって生じた債務を主たる債務とする電子記録保証人が出えん（弁済その他自己の財産をもって主たる債務として記録された債務を消滅させるべき行為をいう）をした場合において，(2)その旨の支払等記録がされることによって発生する債権である。①主たる債務者，②自己より前に電子記録をしていた他の電子記録の保証人等に対して特別求償権を行使できる（同条1項各号）。手形の裏書人の再遡求と類似する制度といえる。

【Case 2】

売買契約に基づいて，AはBに対し1,000万円を1か月後に支払う旨の電子記録債権を発生させた。Bは当該電子記録債権をCに譲渡した。その後，A・B間で

支払を2か月後まで猶予するとした場合，その効力はどうなるか。

【Case 2】のように当事者間の合意に基づいて契約内容を変更する場合のほか，C
が死亡しDが当該電子記録債権を相続した場合や法人の合併等でも記録事項を変更す
る必要が生じる。

この場合，電子記録債権の変更記録をしなければ効力を生じない（電子債権26条）。
これは，当該電子記録債権を譲り受けたCを含め，利害関係者全員が変更記録の請求
をしなければならないのが原則である（同法29条1項）。ただし，相続や法人の合併
による名義・名称の変更（同条2項），電子記録名義人や電子記録債務者の氏名・名
称や住所の変更のように他の権利義務関係に影響を及ぼさないことが明らかな事項に
ついては，その者が単独で変更記録ができる（同条4項）。

(2)　でんさい

譲渡記録について，でんさいでは，手形的利用が想定されており，でんさいの譲渡
がされた場合，譲受人は，通知日を含め5営業日以内であれば，単独でその譲渡記録
を取り消すことが可能とされている（細則19条2項，業務規程26条。その際，記録上
は削除をする旨の変更記録が行われ，取り消した履歴が残るものとされている）。

次に，分割記録である。これには，①原債権の分割記録に分割債権の記録番号が記
録される。それとともに，分割により減額後の金額が記録される。これに対し，②分
割債権の分割記録には，新たに採番される分割債権の記録番号のほか，原債権の記録
番号，さらに，③分割後の債権金額，債権者の氏名（名称）・住所，決済口座情報等
が記録される。④発生記録請求時に1万円未満の金額を指定することはできない（業
務規程36条，細則29条4項）が，分割の結果分割後の原債権の金額が1万円未満にな
ることは問題ないとされている。

さらに，でんさいは，電子記録債権の手形的利用を想定しており，手形を譲渡する
際に原則として保証記録も記録される（業務規程35条）。そのため，電子記録債権を
譲渡しようとする債権者は，「保証しない」という特段の意思表示をしない限り，保
証記録請求も併せて行ったものとされる。保証人が当該電子記録債権を発生させた債
務者に代わって弁済した場合，債務者や自己の前に保証記録をした保証人に特別求償
権を行使することができる。

5　電子記録債権の決済－支払等記録－

(1)　電子記録債権の消滅

電子記録債権も「金銭債権」であるから，債権の消滅原因（支払や相殺等）によっ

て消滅する。もっとも，前述2(1)のように電子記録債権の「発生又は譲渡」について電子記録債権法の規定による電子記録を要件とするのが電子記録債権とされており（電子債権2条1項），「消滅」については電子記録を要件とされていない。そのため，債権消滅の旨の記録がなされなくとも債権は消滅するのである。仮に支払につき電子記録を要件とすると，その記録がなされるまでは支払当事者間においても支払としての効力が生じないことになり，たとえば債務者の支払後も消滅記録がなされるまで繰り返し債権者が債権の行使ができるという不都合が生ずるからである。

　電子記録名義人に対して電子記録債権の支払をしたときは，当該電子記録名義人がその支払を受ける権利を有していない場合であっても，支払をなした者に悪意または重過失がない限り，電子記録債権消滅の効力を有する（支払免責：電子債権21条）。これは，取引の安全を保護するため，電子記録名義人としての外観を信頼した債務者を免責するものであるため，手形と同様の制度である（手40条3項）。ここにいう悪意または重過失について，手形法40条3項に関する解釈（最判昭和44年9月12日判時572号69頁〔百選70事件〕）を参考に，悪意とは，債権者として記録されている者が無権利者であることを知り，かつ，そのことを立証することができる確実な証拠をもっていながら故意に支払うことをいい，重過失とは，わずかな注意義務を尽くしたならば，債権者として記録されている者が無権利者であることを知ることができ，かつ，そのことを立証すべき確実な証拠方法を取得することができたにもかかわらず，これを怠ったということになろう。

　なお，債権者と債務者の地位が同一人に帰属した場合には混同により債権は消滅する（民520条）のが原則であるが，流通性を重視する電子記録債権は，債務者が電子記録債権を再度譲渡することができるよう，混同によって消滅しないものとされている（電子債権22条1項本文）。

(2)　電子記録債権の消滅時効

　電子記録債権は，それらを行使できる時から3年間行使しないときは，時効消滅する（電子債権23条）。これは，手形における時効期間（手70条1項）と同様である。すなわち，手形は一般の債権よりも債権者の権限が強化されているため短期の消滅時効にかかることとしたものであり，電子記録債権は手形と同様の決済手段であることから，手形にあわせた消滅時効になっている。

　これとは別に，手形法では，裏書人が担保責任を負う（手15条1項）ため，手形所持人の裏書人に対する遡求権について1年の時効期間が規定されている（手70条2項）。この点，電子記録債権法では，電子記録債権の譲渡人は担保責任を負うとしていないため，裏書人の担保責任にかかる消滅時効期間の特則は設けられていない。こ

れと同様の機能を果たすのは，前述4(1)②の電子記録保証であるが，これは通常の民法における保証と同様に，主債務者に対する権利と同一の時効期間の定めに従うことになる。

(3)　でんさいの場合

　でんさいにおける決済は，原則として全銀システムを利用した口座間送金決済（電子債権62条・64条）により行うことが想定されている。すなわち，電子記録債権の手形的利用を念頭に制度設計されているため，決済についても手形交換所における手形交換と同様の仕組みを予定しているのである。具体的には下記のとおりである。

　記録機関に記録された電子記録債権について支払期日が到来すると，当該電子記録債権に記録されている債務者，債権者の決済用口座間において振込処理による口座間送金決済が行われ，また，債務者の指定参加金融機関から口座送金決済が行われた旨の通知が記録機関に対してなされることにより，債務者および債権者は支払期日に特段の手続を行うことなく決済および支払等記録の処理がなされる（業務規程40条〜43条）。さらに，電子記録債権の信頼性および流通性確保のため，手形におけると同様，不渡処分（債務者が6か月以内に2回以上支払不能をでんさいで生じさせた場合に，当該債務者に対して①債務者としてのでんさいの利用，②参加金融機関との間の貸出取引を2年間禁止するもの）と，異議申立手続（債務者は，①支払期日前銀行営業日までに所定の書類を窓口金融機関に提出し，②でんさいの債権金額と同額を異議申立預託金として預け入れる）も用意されている（業務規程46条〜53条）。

　このように，でんさいは，手形と同様の制度とし，特に支払不能ルールを整備することで支払決済の確実性を強化しているのである。

┃ コラム ┃

手形・小切手の電子化の行方

　電子記録債権の手形的利用であるでんさいは，紙の約束手形を電子債権に移行させるはずのものであったが，利用があまり進んでいない。でんさいは銀行口座による振込決済を前提としており，口座間の振込手数料が債権額にかかわらず一律である。これに対し，紙の約束手形には印紙税がかかるが，手形金額が低ければ印紙税は安い（10万円未満は非課税）。そのため，約束手形を利用する中小会社にとって，でんさいの方が費用負担が大きいのである。

　そこで紙の手形・小切手の電子化，すなわち「電子交換所」の設立が検討されている。全銀協は令和4年を目途に「電子交換所」を設立することを決定している。現在は紙の手形・小切手について，各地の「手形交換所」を通じて交換決済

を行っているが，「電子交換所」を設立し，手形・小切手のイメージデータの送受信によって決済することにより，金融機関は①手形・小切手を搬送する必要がなくなり，業務効率化を図ることができるほか，②搬送が不要となることで災害等による影響を軽減することが期待できるというのである。

　かつて，全銀協はチェック・トランケーション（手形・小切手の現物の呈示は行わずに，手形・小切手を受入銀行に留め置いたままで，当該手形等の振出人の口座番号や金額等のデータのみを受入銀行から支払銀行に通信手段を用いて伝送することにより手形・小切手決済を処理すること）の導入を検討したことがある（平成14年）が，同年3月に公表した導入の基本方針が同年12月に凍結された。凍結の理由として，①手形・小切手以外に交換所で交換される債券や利札などの証券をチェック・トランケーションに取り込むことは困難なため，事務が二元化すること，②費用対効果，合理化効果等の見通しに疑問があること，③手形交換枚数が逓減傾向にあること，等をあげている。

　手形・小切手の電子化の利点を考慮すれば，チェック・トランケーションで示された問題点を克服した新たな「電子交換所」の成立が求められよう。

第2節　ファクタリング

1　ファクタリングの概要

【Case 3】
　A会社は，衣料品メーカーであり，季節物の洋服の販売が主要な商品である。多くの小売店と取引するため支払が60日先の売掛金債権が多数（3,000万円程）ある。海外工場のトラブルで数日中に2,000万円の資金が必要となったが，取引銀行からの融資を待っていては支払期日に間に合わない。売掛金債権をもとに資金調達をする方法はないだろうか。

　A会社が資金調達する方法として，ファクタリング（Factoring）がある。これは，売掛代金債権を譲渡することによる資金調達方法である。売掛代金債権とは，後で代金を受け取る約束で商品を売ることを「売掛け」といい，その代金債権のことを指す。A会社の売掛金や受取手形等の売掛金債権を，ファクタリング会社Bに売却し，B会社が支払期日に債務者Cに対して債権の回収を行うものである。

　少額の売掛金債権を多数保有するA会社の場合，A会社はB会社に手数料や割引料

を支払うことになるものの，売掛金債権の支払期日前に資金調達をすることができ，銀行による融資や手形割引を待つよりも短期間で資金調達をすることができる点にメリットがある。

2　ファクタリングの方式

　ファクタリング会社は，売掛債権買取会社とも呼ばれるが，売掛債権を買い取るにあたり，貸倒リスクを避けるために売掛先の信用調査を行う等，会社の判断で債権の管理や回収を行うことになる。運営母体も銀行系やノンバンク系等さまざまである。ファクタリングは，売掛債権の債務者（C会社）が決済期日に支払不能に陥った場合，B会社はA会社に償還することができるものと，できないものとに分けることができる。前者の採用が多いようである。

　また，ファクタリングの種類として，三社間ファクタリングと二者間ファクタリングがある。前者は，A会社（債権者），C会社（債務者＝取引先），ファクタリング会社Bの三者間で行うファクタリングである。A＝C間の債権をBに譲渡することにより，C会社からの債権取立はBのリスクで行われる。手数料は安いとされるが，A会社が別のDに二重譲渡するケースを考慮し，Cへの確定日付ある通知かCの承諾を得ることが必要になる（民467条）。後者は，A会社とB会社の二者間で行われるため，迅速に資金調達を行うことができるが，Cの承諾を得ていない分，貸倒のリスクに備え手数料が高いことになる。

第3節　ネッティング

1　ネッティングの概要

> 【Case 4】
> 　A会社とB会社の間には，A社からB社に対して1,000万円の貸金債権があり，B社からA社に対して600万円の売掛代金債権があり，ともに支払期日が到来している。この場合の決済方法にどのような方法があるだろうか。

　この場合，A会社・B会社それぞれ債務を弁済してもよいが，Aの相殺の意思表示により600万円の債権と債務を対当額において消滅させることができる。その結果，A会社のB会社に対する債権400万円だけが残存することになる（民505条）。この仕組みを使うのがネッティングである。ネッティングとは，当事者間の一定の取引から生じる債権・債務関係の清算のために，支払うべき額と受け取るべき額の差額を算出

し，その差額のみを決済することをいう。

　ネッティングを利用すると，①差額のみの決済で済むため，支払事務処理コストを削減することができるとともに，②未決済残高を減らすため，それが支払われなかった場合の決済リスクも低減させることができる点にメリットがある。

2　ネッティングの種類

> 【Case 5】
>
> 　A社・B社・C社・D社の間に取引があり，それぞれ，A社→B社30万円，B社→C社20万円，C社→D社40万円，D社→A社50万円の債務がある。これを円滑に決済するためにどのような方法があるだろうか。

　ネッティングの活用が考えられる。それには次の種類がある。
①　当事者の数による分類

バイラテラル・ネッティング (bilateral netting)	二当事者間で行われるネッティング
マルチラテラル・ネッティング (multilateral netting)	三当事者間以上で行われるネッティング

②　債務の履行期による分類

ペイメント・ネッティング (payment netting)	債務の履行期を同じくする複数の債権・債務を有する当事者がいる場合に，差額を算出してその差額のみを決済すること
オブリゲーション・ネッティング (obligation netting)・ノベーション・ネッティング（novation netting）	履行期の到来を待たずに，債権・債務の発生した時点で，履行期が同時期の複数の債権・債務の差引を行い，債権・債務を一本化すること。段階的交互計算の一種。
クローズアウト・ネッティング (close-out netting)	当事者の1人に破産決定開始等の一定の信用悪化事由が生じた場合に，当事者間であらかじめ定めた範囲において，履行期の異なるすべての債権・債務に関して差額計算を行い，1本の新たな残額債権を成立させること。

　【Case 5】は，マルチラテラル・ネッティングを行うのが簡便である。

　ネッティングを行わない場合，A→B，B→C，C→D，D→Aとそれぞれ支払しなければならず，それぞれ資金を用意する必要がある。これに対し，マルチラテラル・ネッティングを行うと，A・B・C・Dそれぞれの債権・債務を差引すると，Aは20万円（50−30）の債権，Bは10万円（30−20）の債権，逆にCは20万円（20−40）の債務，Dは10万円（40−50）の債務を負うことになる。もっとも，新たに作ら

れたAの20万円の債権，Cの20万円の債務は誰の誰に対する債権債務かが明確ではないことが問題となる。

　この問題を解決するために考えられるのが，セントラル・カウンターパーティー（中央清算機関（Central Counterparty：CCP））を置いたマルチラテラル・ネッティングである。

　A・B・C・Dの債権・債務を一度CCPとの債権・債務に置き換え，ネッティングを実行すると誰の誰に対する債権・債務かが明確になるのである（図表3）。民法では三面更改（民513条2号3号）でこれを説明することができよう。この方法は，銀行間の決済，証券取引所の決済，首都圏で使われるSuicaやPASMO等の決済に当てはめることができる。

【図表3　CCPを利用したマルチラテラル・ネッティングの例】

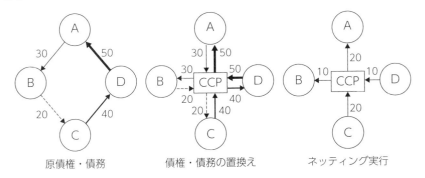

原債権・債務　　　　　　債権・債務の置換え　　　　ネッティング実行

第6編◆銀行取引と 新たな資金決済制度

第1章　銀行取引

第1節　銀行取引の基本的仕組み

　銀行は，預金という仕組みによって成り立っている。手元に余裕資金のある個人や企業が預金をすることで，一口ごとの金額が多額でなくとも結果的に銀行には大量の資金が集約されることになる。銀行はその集めた預金をもとに個人や企業に対して融資を行うなどしている。

　銀行の主な機能は，(1)金融仲介機能，(2)信用創造機能，(3)決済機能である。(1)金融仲介機能とは，上記のとおり借り手と貸し手を仲介する機能である。(2)信用創造機能とは，銀行が預金と貸出しを連鎖的に繰り返すことで銀行全体の預金残高・預金通貨が増加することである。(3)決済機能とは，銀行の預金口座を利用することによって，口座振替や送金による各種決済が可能となることである。いずれにしても，銀行の機能は預金によって形作られている。本編と関連するのは(3)である。

第2節　振込の仕組みと誤振込

1　銀行振込の意義と法的性質

　銀行振込とは，振込依頼人が仕向（しむけ）銀行（依頼人から依頼された送金や振込を他の銀行に対して行う銀行）を通じて，被（ひ）仕向（しむけ）銀行（依頼人から依頼された送金や振込を他の銀行から受ける銀行）の預金口座を有する受取人預金口座に直接入金する方法によって送金の目的を達する送金手段である。つまり，銀行振込は預金債権を決済することで各当事者関係を整理している。

　（銀行）振込の法的性質については，振込依頼人が受取人のために，すなわち第三者のためにする契約とする見解と，当事者間の各委任契約によって構成されるとする見解に分かれている。

　この点につき，裁判例（最判昭和43年12月5日金法531号25頁，名古屋高判昭和51年1月28日金判503号32頁）は委任契約と解しているが，学説には振込を第三者のためにする契約と解するのがもっとも素直な解釈であるとして裁判例に反対するものも多い。

　もっとも，かかる対立が問題となるのは，被仕向銀行の法的地位と被仕向銀行による誤振込時の対応についてであり，たとえ振込の法的性質を第三者のためにする契約と解する場合であっても，振込人と仕向銀行の関係が委任であることに変わりはない（被仕向銀行の法的地位については3にて，誤振込の取扱いについては8にて，それぞれ後述する）。

2　振込依頼人と仕向銀行との関係

　振込依頼人は，仕向銀行に対して委任事務処理費用の前払として振込代り金と委任の報酬としての手数料を支払う義務を負うこととなる。反対に仕向銀行は，振込依頼人との委任ないし準委任契約に従い，善良なる管理者の注意義務をもって委任事務を処理する義務を負う（民644条）。具体的には，仕向銀行は被仕向銀行に振込通知をして受取人の預金口座に入金をすることなどがその内容となる。

　そのため，仕向銀行が故意または過失により振込通知を遅延し，その結果入金が遅れ，振込依頼人に損害が生じた場合には，その損害賠償の責任を負わなければならない。

3　仕向銀行と被仕向銀行との関係

　被仕向銀行は，仕向銀行との委任ないし準委任契約に従い，善良なる管理者の注意義務をもって委任事務を処理する義務を負う（民644条）。具体的には，被仕向銀行は仕向銀行から振込通知を受けて受取人の預金口座に振込金を入金することになるが，それは，送金為替の場合と同様，仕向銀行と被仕向銀行との間にあらかじめ締結されている為替契約に基づくものである。この為替契約は，振込通知に従って受取人の預金口座に入金することを内容とする包括的な委任契約としての性質を有するものということができる。なお，個々の為替通知によってさらに個別的な委任契約の申込がなされたと構成する見解も多い。

4　仕向銀行と仲介銀行との関係

　仕向銀行が仲介銀行を介して振込業務を行う場合，仲介銀行は仕向銀行との委任な

いし準委任契約に従い，善良なる管理者の注意義務をもって委任事務を処理する義務
を負う（民644条）。

　なお，銀行が営業拠点をもたない外国や地域において決済業務を行うため，他の銀
行（仲介銀行）との間で一定の取引条件を定めた契約を締結する。この契約のことを
コルレス契約といい，コルレス契約の相手方をコルレス銀行という。

5　振込指図の執行に関する為替契約

　同一銀行内の本支店間でなされる為替であれば，仕向銀行と被仕向銀行は同一の法
人であるため，銀行内部の事務処理で足りることとなる。ただ，他行との間でなされ
る為替においては，銀行間でなされる為替に必要な事務処理（振込指図の執行など）
を行うことについて，別途契約が締結されていなければならない。前述のとおり，こ
の契約のことをコルレス契約（為替契約）といい，相手方の銀行をコルレス銀行とい
う。この契約の当事者である銀行は，互いに相手銀行が振込依頼人から指図された資
金移動に必要な事務処理を行うことになるため，為替契約によって相互的な委任ない
し準委任の関係が形作られることとなる。

　従前，この為替契約については，個々の銀行ごとに相手方を探して契約を締結して
いた。しかし，このような契約によると，銀行ごとに個々別々の契約，すなわち為替
取引によって生ずる資金の決済を行わなければならず，煩雑である。そこで，多数の
銀行が1つの集団を形成して集中的に決済する次のような方式が作り出されるに至っ
た。

　現在，内国為替については，すべての銀行とその他の一定の金融機関が参加して全
国銀行内国為替制度が作られ，オンラインシステムにより為替取引が行われるととも
に，日本銀行などを通じて集中的に大量の資金決済が行われている。そこでは，個別
の契約ではなく集中決済のためのルール（規則）が定められており，参加する銀行は
その規則を承認することで，集団的な為替契約が成立していると解されている。

6　受取人の預金債権取得の法的構成

　受取人は，被仕向銀行が受取人の預金口座に入金記帳することによって，被仕向銀
行に対する預金債権を取得することになる。つまり，被仕向銀行が受取人の預金口座
に入金記帳するまでは，受取人は被仕向銀行に対してなんらの請求権を有していない
こととなる。なおこの点につき，振込依頼人・仕向銀行と被仕向銀行との間に，第三
者である受取人のためにする契約がなされていると説明することも可能ではある。

　原因関係の瑕疵などを理由に振込を取り消したい振込依頼人は，仕向銀行を通じて，
いったん開始した振込手続を取りやめ，資金を逆向きに移動し，振込依頼受付前の状

態に戻す「組戻し」をすることが必要となる（大阪地判昭和55年9月30日判時998号87頁）。そのため，受取人の預金口座に入金記帳する前であれば振込手続を撤回することが可能であるが，すでに受取人の預金口座に入金記帳がなされてしまった場合には，受取人の承諾を得た上で組戻しをすることが必要となる。このように受取人が受取人の預金口座に入金記帳されることによって被仕向銀行に対する預金債権を取得できる理由は，被仕向銀行が仕向銀行に対する委任契約上の義務の履行として受取人の預金口座に入金記帳し，それによって資金の移動が行われているからである。

7　預金者の認定（客観説）

　振込によってやり取りされるのは預金債権であるところ，当該預金債権は預金契約によって発生する。預金契約は，要物契約たる金銭消費寄託契約であると解されるところ，振込依頼人からの委託に基づいて被仕向銀行が受取人の口座に入金記帳をすることで受取人の預金債権が発生することとなる。預金債権においては，明示された預金者名義が預金者を決定する契約解釈の有力な事情となるものの，預金者が他人名義や仮設人名義を用いて預金契約を結ぶ可能性も存在するため，預金者名義人をもって直ちに預金者と解釈することはできない。また，銀行側に取引の相手方が預金者本人であるか一つひとつ取引ごとに確認を取らせることは，日々大量に行われている預金取引においては銀行側の負担が過大になるし，そもそもシステム上不可能であると言わざるを得ない。

　預金者の認定については，出捐者を預金者とする客観説，名義人を預金者とする主観説，そして客観説を基本として，預入行為者が自己の預金者である旨を表示した場合には預入行為者を預金者とする折衷説が存在する。

　少なくとも従前の判例は結局預金者が誰かを決定しているものは，「現に自らの出捐により銀行に対し本人自らまたは使者，代理人，機関等を通じて預金契約をした者という外ない」として客観説に立っていた（最判昭和32年12月19日民集11巻13号2278頁，最判昭和48年3月27日民集27巻2号376頁，最判昭和52年8月9日民集31巻4号742頁等）。

　預入行為者が預金者名義人本人の代理人であり，かつ自己名義で預金者名義人本人のために預金する旨を明示しているか，あるいは預入行為者の名義でもって預け入れることに特別な事情があることを金融機関の側で了解している場合に，初めて判例・実務の立場である客観説のいう状況が覆されることとなる。

　ただ，近時では，マンション管理組合の預金口座や弁護士の預かり金口座など普通預金や当座預金に関する判例（最判平成8年4月26日民集50巻5号1267頁，最判平成15年2月21日民集57巻2号95頁，最判平成15年6月12日民集57巻6号563頁）を契機

に，預金者の認定につき客観説による方法から，主観説を取り入れた一般的な契約法理による当事者確定の方法への変化も見られるといった見解も述べられており，預金者の認定方法につき再び議論がなされている。

8　誤振込の取扱い

　前述のとおり，一般的には入金記帳があった段階で預金債権は成立すると考えられているため，被仕向銀行が誤って受取人でない者の預金口座に入金記帳した場合（誤振込）の効果が問題となる。

　預金者名義人の代理人・使者として行動している場合，自己のため架空・仮設あるいは他人の名義を用いている場合や，預金者名義人たる他人に直接権利を取得させる目的で第三者のためにする契約を行っている場合などであれば，その事実に従って預金者は預金者名義人本人であると認定されるべきである。

　ところが，被仕向銀行によって誤振込がなされてしまった場合には，振込依頼人と，誤って預金口座に振り込まれた受取人との間に金銭の支払を正当化するような原因関係が存在しない。そのため，たとえ誤振込の場合であったとしても，振込依頼人が意図していない受取人は銀行による入金記帳によって預金債権を取得し，その後，振込依頼人や銀行は不当利得返還請求権を取得・行使することとなる。

　判例においても，振込を原因関係から切り離された資金移動手段であるとした上で，預金債権は振込依頼人と振込依頼人が意図していない受取人との原因関係の有無にかかわらず成立するとし，振込依頼人は振込依頼人が意図していない受取人に対しては不当利得返還請求ができるにとどまり，預金債権の譲渡を妨げる権利まではないとした（最判平成8年4月26日民集50巻5号1267頁）。

　上記判例に対しては学説上否定的な見解が多く見受けられる。たしかに，振込自体を無因なものとして位置づけ，たとえ誤振込であったとしても振込依頼人と振込依頼人が意図していない受取人の両者を原因関係から解き放つという点で（とりわけ銀行実務にとって）非常に明快なルールを示しているといえる。ただ，入金記帳の有無自体，そもそも銀行内部の事務的問題であることに加えて，前述した預金の成立・預金者の認定の局面と，誤振込の局面とを同一平面上で検討することには無理がある。前述したとおり，預金者の認定において客観説が採用されている理由は，日々大量に行われている預金に関する取引において，銀行側に取引の相手方が預金者本人であることを確認させることは実際上困難であることをその理由とする。一方，誤振込は，日々大量に行われている預金に関する取引の中で，イレギュラーに発生した一部の問題ある取引であるため，預金者の認定局面のように無因性を貫き，大量迅速に問題を処理する必要性がそもそも存在しない。

　なお，無因的な預金債権の成立，払戻請求の権利濫用といった論点につき，手形法における手形・小切手権利移転有因論の是非をめぐる議論とパラレルに理解することが可能であり，かような観点から手形法40条3項を類推する見解も主張されている。

　こうした議論を受けてか，近時の判例の中には，誤振込であることを知った上で黙って預金を引き出した受取人に詐欺罪が適用されるとした事例（最判平成15年3月12日刑集57巻3号322頁）や，受取人に対する貸出債権と預金債務を相殺することを被仕向銀行に認めなかった事例（東京地判平成17年9月26日判時1934号61頁）も存在する。

　なお，振込依頼人が意図していない受取人が，振込によって発生した預金の存在を信じて行為をしたことによって損害が発生した場合には，銀行はその損害を賠償しなければならない。

第2章　新たな資金決済制度

第1節　資金決済における資金移動

1　資金決済法の概要

　資金決済法は，2010年4月1日に施行され，情報通信技術の発達や利用者ニーズの多様化等の資金決済システムをめぐる環境の変化に対応して，①為替取引を銀行以外の一般事業者に認める資金移動業の創設，②前払式支払手段の規制対象化，③銀行間の資金決済に関する制度整備としての資金清算業（免許制）の導入を主な内容としている。

　以下では，資金決済法における資金移動につき説明する。

2　資金決済法における資金移動の意義

　資金決済法は，インターネットの普及等により安価で便利な送金サービスのニーズが高まっていること等から，利用者保護を図りつつ，このようなニーズに対応すべく資金移動業を創設した。資金決済法が定める資金移動業とは，銀行等以外の一般事業者が為替取引を業として営むことをいい（資金決済法2条1項），資金移動業の登録（同法37条）を受けてこの資金移動業を行う者を資金移動業者という（同法2条2項）。

　資金移動と銀行振込は共通した構造を持つところ，資金決済法は銀行との役割分担を図るべく，為替取引のうち「少額の取引」（100万円に相当する額以下。同法施行令2条）に資金移動業を限定しているが，為替取引自体については定義規定を置いていない。

　判例は為替取引につき，「銀行法2条2項2号は，それを行う営業が銀行業に当たる行為の一つとして『為替取引を行うこと』を掲げているところ，同号にいう『為替取引を行うこと』とは，顧客から，隔地者間で直接現金を輸送せずに資金を移動する仕組みを利用して資金を移動することを内容とする依頼を受けて，これを引き受けること，又はこれを引き受けて遂行することをいう」とする（最決平成13年3月12日刑

集55巻2号97頁）。

　上記判例は，海外への送金をファクシミリで受け付け，まとめて送金していた者（いわゆる地下銀行）の事例であり，必ずしも一般的な解釈としては妥当ではないとする見解も存在するが，かかる判例の解釈に依拠することで資金決済法に為替取引の定義規定は設けられなかった。なお，為替取引には，順為替，逆為替，内国為替，外国為替，円貨建て，外貨建てを問わず，マネーオーダーによる送金も含まれると解されている。このように，資金移動業として行った資金移動が銀行法に抵触する可能性も存在するため，資金移動業者としての登録だけでなく，銀行としての免許も受けなければならない状況が発生し得る。

3　資金移動業者に対する規制

(1)　民事法上のリスク分配

> 【Case 1】
> 　Aは，インターネット通信販売業者であるBが販売する商品を10万円で購入した。代金の支払については，クレジットカード払い・代金引換・コンビニ払いの方法から選択可能であるとBから示されたため，Aはコンビニ払いによって代金を支払うこととした。

　【Case 1】のように，コンビニエンスストアを活用した決済（以下「コンビニ決済」という）も近時取扱量を増やしている。そもそもコンビニエンスストアは，小売店舗として商品を販売するだけではなく，宅配便業務や行政サービス業務など多種多様なサービスを展開している。その中で電子マネーとの比較で重要となり，また，とりわけ近時取扱量を増やしているのが収納代金代行サービスである。

　次頁の図は，収納代金代行サービスの当事者関係をまとめたものである。この図のとおり，同サービスは電子マネー決済よりも銀行振込により近い性質を有する。すなわち，本来インターネット販売業者Bが有する利用者Aに対する代金受領権限を，コンビニエンスストア側に委譲し，利用者Aがコンビニエンスストア店舗において支払った代金相当額が銀行振込によってインターネット通信販売業者Bへと振り込まれる。

　コンビニ決済における決済通貨は銀行預金であり，コンビニエンスストアが代金受領権限を有することから，代金（現金）が利用者によってコンビニエンスストアに支払われ収納された時点で原因関係上の支払は完了することとなる。そのため，コンビニエンスストア本部による事業者への決済が完了するまでのリスク（たとえばコンビ

ニエンスストア本部の倒産によって振込がなされないリスクなど）は，事業者によって負担されることとなる。

　なお，資金移動業者は，利用者から預かった資金と同額以上の額を供託等によって保全する義務を負っている（資金決済法43条）ため，資金移動業者が倒産した場合には，利用者は，財務局の還付手続により，供託等によって保全されている資産から，弁済を受けることができる（同法59条）。

　コンビニ決済と電子マネーは，共に電子データが当事者間でやり取りされる点では共通する。しかし，コンビニ決済の利用者はコンビニエンスストア店舗において代金を現金で支払うことなどの点で異なる。

　コンビニ決済のメリットは，コンビニエンスストアがほぼ無休で全国至る所に展開しているため，利用時間・利用場所の融通が利くことである。反対にデメリットは，代金相当額の現金がなければならないことである。

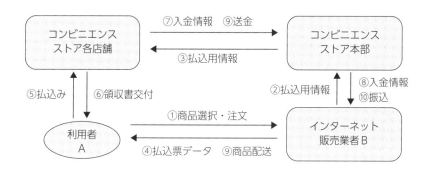

　【Case 1】においてAはBに対する決済方法として代金引換が選択された場合はどうであろうか。代金引換においては，まずインターネット販売業者Bから商品を運送する運送業者に代金受領権限の代理権が与えられることになる。次に，運送業者による配送・Aの商品受取りと代金支払・運送業者による代金受領が同時に履行されることとなる。そのため，Aが運送業者に代金を支払い，運送業者がかかる代金を収納した時点で原因関係上の支払は完了することとなる。

　【Case 1】がインターネット上の取引ではなく，店舗販売といった対面販売でなされた場合，Aには現金で支払う選択肢もある。また，送金という点に着目すれば，代金支払にあたって銀行振込や現金書留を利用する方法もあろう。

　【Case 1】で示された各種決済手段のように，現金決済や金融機関を介した決済手段ではない決済手段が増加しており，それらを為替取引として認める必要性が社会的・経済的に生じてきた。一方，一般事業者が誰でも為替取引に参入できるようにし

てしまうと，反社会的勢力に利用されるといった問題も生じさせる可能性があるため，資金移動業を行う資金移動業者に対して以下のような規制を課している。

(2) 資金移動業者に対する登録規制

銀行等（資金決済法2条17号）以外の者が少額の為替取引を業として営む資金移動業を行う「資金移動業者」は，内閣総理大臣の登録を受ける必要がある（同条3号・37条）。不正な手段により登録を受けた者は，3年以下の懲役もしくは300万円以下の罰金に処され，またはこれを併科される（同法107条2号）。銀行以外の者で資金移動業の登録を受けずに為替取引を行っている者は，銀行法4条1項に違反する無免許業者として銀行法上の罰則の適用を受けることとなる（同法61条）。

内閣総理大臣は，登録申請者が資金決済法40条1項各号に定める登録拒否要件のいずれかに該当するとき，または登録申請書もしくはその添付書類のうちに重要な事項について虚偽の記載があり，もしくは重要な事実の記載が欠けているときは，その登録を拒否しなければならない（同項柱書）。

資金移動業者は，経済的信用をもとに隔地者間の資金移動を引き受ける業務を行うため，法令上組織的なガバナンス体制を備える株式会社であることが求められる（同項1号）。また，資金移動業者は，資金移動業のほか，他の業務も営むことができる。一方，銀行には他業禁止規制や自己資本比率規制が課せられている（銀行法10条～12条・14条の2）。

(3) 履行保証金に関する規制

上記のとおり，銀行に対しては巨額の信用を授受することから特別な法規制が課されている。それに対して資金移動業者にはそのような特別な法規制は課されていない。そのため，資金移動業者が破綻した際の利用者への影響を限定的なものにするため，資金移動業者に対しては資産保全義務が課されている（資金決済法59条1項）。

具体的には，利用者に対して日々の受払いを行う資金のほかに，当初から最低要履行保証額（1,000万円）を資産保全するだけの資金準備が資金移動業者にあること（同法43条2項，同法施行令14条），事業開始後は，資金移動業者自身の事業規模（総取扱件数や総取扱金額）から推計される未達債務の額に応じた要履行保証額を保全できること（同法38条1項10号・41条1項，資金移動府令5条1号）などが規定されている。

なお，未達債務の額は，各営業日における未達債務算出時点における資金移動業者が利用者に対して負担する為替取引にかかる債務の額とされている（同法43条2項）。

⑷　**資金移動業者の体制整備に関する規制**

　資金移動業者に求められる資金移動業を適正かつ確実に遂行する体制や資金決済法の規定を遵守するために必要な体制は，資金移動業を遂行するに十分な業務運営や業務管理がなされることを指しており，資産保全義務の履行など，資金決済法に定める措置が確実に行われることを意味する。

　具体的には，資金移動業者が利用者に対して提供するサービスの内容等が明記された約款等が，当該利用者との間で適切に締結されること，約款等が盛り込まれている契約書類等の内容に従ったサービスが提供されること，銀行等が行う為替取引との誤認を防止するための説明がなされること，個人情報の保護に関する法律，犯罪による収益の移転防止に関する法律といった利用者の権利を保護するための各種事業者側の義務や，企業が社会的に広く遵守すべき規範・指針も遵守する体制を構築する必要がある（資金決済法49条以下参照）。

第2節　資金決済法における前払式支払手段

1　電子マネーの特徴

　キャッシュレスの資金決済手段は，わが国の国民生活において広く定着している。典型的なのは，Suica，PASMO等の交通系電子マネーであろう。各種交通の決済に利用できるだけでなく，コンビニ等での買い物，レストランでの飲食等，幅広く使われている。これらを総称して電子マネーと呼ぶことにしよう。以下，交通系電子マネーを念頭に，その特徴を挙げると，下記のとおりである。

⑴　「発行者」が存在すること

⑵　あらかじめの「チャージ」（top-up）が必要であること

⑶　加盟店においてしか利用できないこと

　このような電子マネーは，支払が事後となるクレジットカードとは，支払の時期が前か後かという点を除くと，ほぼパラレルな関係であるといってよい。

2　電子マネーの私法上の構成

　電子マネーについては，私法上直接に規制する法律がなく，その法的構成については，複数の考え方がありうる。Xを電子マネーの利用者，Aを電子マネーの運営者，Yを電子マネーの加盟店（コンビニ）とする。あらかじめ1万円をSuica（JR東日本の電子マネー）にチャージしてあるXが，コンビニY店で，3,000円の商品を購入し

たとしよう。

　この場合，(a)Xのチャージにより，XがA（発行者：この場合はJR東日本）に対する金銭債権を取得し，XがYで買い物（電子マネーの利用）することにより，当該金銭債権（3,000円）がXからYに移転し，Yは，当該金銭債権をもってAに対し，支払請求すると考えることも可能である。

　他方，(b)チャージにより，AがXに対し，後日，Xが電子マネーを使用した時点で自らがXの代金債務等の金銭債務を引き受けることを約し，XがYで買い物（電子マネーの利用）することにより，XがYに対して負う金銭債務（3,000円）がAに引き受けられ，Yは，Aにデータを送信することで，Aに対し当該金銭債務の履行を請求することができると考えることもできる。

　さらには，(c)チャージをAX間でのデータの発行と捉え，これにより，XがAに対し，Xのデータによる指図に従い支払をなすことを委託すると解することも可能である。この場合，XがYで買い物（電子マネーの利用）することは，(i)Xに対する関係では，XのAに対して支払権限の授与，(ii)Yに対する関係では，Aから支払を受領する権限の授与となり，データがYからAに送信されることにより，XのAに対する支払権限授与の意思表示がAに伝達され，これによりAからYに対する支払がなされると理解される。

　電子マネーの法的構成としては，このほかにも考えられうる。また，電子マネーごとに法的構成が違うということもありうる。電子マネーの法的性質（とりわけ私法上の性質）につき，法が特段の規制を置いていない以上，これらは私的自治の領域に委ねられているのである。

3　資金決済法における電子マネー

(1)　資金決済法における「前払式支払手段」

　資金決済法は，電子マネーの私法上の性質の問題を棚上げにして，電子マネーの前記の特徴にかんがみ，もっぱら業法としての観点から，規制を置く。そのためのキーとなる概念が「前払式支払手段」である（資金決済法3条1項1号2号）。下記のとおりである。

【前払式支払手段】

| 1 | 証票，電子機器その他の物（証票等）に記載され，または電磁的方法により記録される金額に応ずる対価を得て発行される証票等または番号，記号その他の符号であって，その発行する者または当該発行する者が指定する者（発行者等）から物品を購入し，もしくは借り受け，または役務の提供を受ける場合に，これらの代価の弁済のために提示，交付，通知その他の方法により使用することができるもの |

2	証票等に記載され，または電磁的方法により記録される物品または役務の数量に応ずる対価を得て発行される証票等または番号，記号その他の符号であって，発行者等に対して，提示，交付，通知その他の方法により，当該物品の給付または当該役務の提供を請求することができるもの

(2)　前払式支払手段の要件

前払式支払手段については，後記のとおり時価発行型，第三者発行型の2つがあるが，いずれかを問わず，およそ「前払式支払手段」であるためには，次の4つの要件を満たさなければならない。

①	価値の保存	金額または物品・役務の数量（個数，本数，度数等）が，証票，電子機器その他の物（証票等）に記載され，または電磁的な方法で記録されていること
②	対価	証票等に記載され，または電磁的な方法で記録されている金額または物品・サービスの数量に応ずる対価が支払われていること
③	発行	金額または物品・サービスの数量が記載され，または電磁的な方法で記録されている証票等や，これらの財産的価値と結びついた番号，記号その他の符号が発行されること
④	権利行使	物品を購入するとき，サービスの提供を受けるとき等に，証票等や番号，記号その他の符号が，提示，交付，通知その他の方法により使用できるものであること

　以下，順次説明しよう。①は，「前払式支払手段」が支払のために利用される以上，利用できる金額または物品・役務の数量が，何らかの形で記されていなければならないところから必要とされる要件である。証票等自体に記載・記録されている場合（紙型・磁気型・IC型と，サーバに電磁的に記録されている場合（サーバ型）とがありうる。

　②は，①の利用に「先立ち」，前払いとして，対価が支払われていることを要求するものである。紙型・磁気型・IC型なら，商品券，プリペイドカードの購入が，Suicaなら，金額の「チャージ」が，この要件に該当するものである。このように「前払式支払手段」においては，ユーザの事前支払が必須であるため，発行者の倒産等に備えた利用者保護の対策が不可欠となる。

　さて，②における「対価」とは，現金に限らず，財産的価値があるものはすべて含まれる。外貨建てでもよい。①で保存される価値と②の対価が一致することは必要とされない。たとえば，10,000円のプリペイドカードを9,000円で発行したとして，9,000円は，「対価」といってよい。しかし，①の金額に比してごく僅少な金額しか支払われない場合，ボランティアの謝礼としてカードが発行される場合にまで「対価」性あ

りとすることはできない。限界の線引きをどこに引くかは難しい。考え方としては，社会通念に照らして判断するしかないとする見解のほかに，有償割合が50パーセントを超す場合に対価性を認める見解が主張されている。なお，対価性は，1回の発行ごとではなく，全体（発行総額）について判断される。

　③は，価値が保全された前払式支払手段を移転できるよう，何らかのデバイスの発行を必要とするものである。紙型・磁気型・IC型であれば，証票等（商品券やプリペイドカードそれ自体）ということになるし，サーバ型であれば，スイカ，パスモなどに記録され，サーバとリンクされた符号ということになる。

　④は，③のデバイスが，権利行使に際して使用されるものであることを述べている。

(3)　要件の例外

　しかし，乗車券，入場券いくつかの場合には，前記の要件を満たしていても，前払式支払手段に該当せず，資金決済法の適用を受けない（同法4条，同法施行令4条）。

(4)　「前払式支払手段」に該当しないもの

　関連して，そもそも「前払式支払手段」の定義に該当せず，「前払式支払手段」に該当しないものについても紹介しておく。

① 日銀券，収入印紙，郵便切手，証紙など，法律上支払手段としての効力を与えられており，対価の授受とは無関係に発行される価値物は，対価性の要件（②）を満たさず，「前払式支払手段」に該当しない。

② 各種会員権（ゴルフ会員権）は，いわゆる証拠証券に過ぎず，価値保存（①）または権利行使（④）の要件を満たさない。

③ トレーディング・スタンプ（小売業者が，販売促進のために，商品を購入した顧客に対して購入額に応じて配布するクーポンであり，一定量集めると量に応じた商品などと交換することができる）は，実質的には対価を得て配布されておらず，対価性の要件（②）を満たさない。

④ デビットカードのようなPOSカードも，対価性の要件（②）を満たさない。

(5)　自家型と第三者型の違い

　資金決済法は，前払支払手段の方式として，自家型と第三者型とを規定する。

　まず，前者であるが，発行者の店舗においてのみ利用することができる前払式支払手段を発行しており，法に基づき内閣総理大臣へ届出を行った者を自家型発行者という（資金決済法3条6項）。発行している前払式支払手段の未使用残高（前払式支払手段の総発行額－総回収額）が3月末あるいは9月末において，1,000万円を超えた

ときは，内閣総理大臣への届出が必要となるが，それを超えなければ，特に届出の必要がない（同法5条）。

　次に後者についてみるに，発行者以外の第三者の店舗（加盟店，フランチャイズ店等）においても使用することができる前払式支払手段を発行している者を第三者型発行者という（資金決済法3条7項）。第三者型発行者になるには，内閣総理大臣の登録を受けた法人でなければならない（同法7条）。

　自家型と第三者型という区別は，紙型・磁気型・IC型，サーバ型という区別とは対応しない。ただ，自家型でサーバ型というのは，通常想定されないであろう。総じて，第三者型の方が，自家型よりも厳格な規制が施されているといってよい。

第3節　資金決済法における暗号資産（仮想通貨）

1　仮想通貨から暗号資産へ

　ここでは，決済の多様化の一環として仮想通貨・暗号資産につき，ごく簡単に紹介することにしたい。仮想通貨・暗号資産としては，後述するとおりさまざまなものがあるが，代表的なものはビットコインである（資金決済法における仮想通貨の定義は，明らかにビットコインを念頭に置いたものである）。

　仮想通貨・暗号資産は，決済の多様化・電子化の一環として，通貨に代替するものとして利用される一方，激しく価格が乱高下する性質から投資・投機の対象としても扱われる（ICO：Initial coin offering）。仮想通貨という呼称は前者に，暗号資産という呼称は後者に，それぞれ着目したものである。

　資金決済法は，当初，仮想通貨・暗号資産に対し規制を及ぼすに際し，前者の特徴にかんがみ「仮想通貨」という呼称を採用していたが，後者の利用が増える現状にかんがみ，令和元年に改正され，暗号資産という呼称に代えることとした。そして，後者の利用がされる場面につき，金商法を適用し，同法の規制を及ぼすことにした（資金決済法2条5項ただし書参照）。

　本節の記述も，これ以降は「暗号資産」で統一する。支払決済法の領域を対象とする本書の性質上，ここでは，もっぱら前者の側面につき解説する。

2　さまざまな仮想通貨

(1)　はじめに

　実務で利用されている仮想通貨には，さまざまなものがあるが，実務上，それらは，セキュリティ・トークン（Security Tokens）とユーティリティ・トークン（Utility

Tokens）とに大別することができる。両者の区別は，あくまでも事実上のものであり，わが国において法的根拠を有するものではない。ただ，ごく大まかにいうと，セキュリティ・トークンに対しては，金商法の規制が適用され，ユーティリティ・トークンに対しては，資金決済法が適用されることになると思われる。

　両者の区別が産まれたのは，平成30（2018）年3月，アメリカにおいて証券取引委員会（SEC）が「仮想通貨の規制に関する公式声明」において，「証券に該当するトークン（セキュリティ・トークン）の取引サービスを提供する取引所は，SECへの登録が必要である」旨公表したことを契機としている。

(2)　セキュリティ・トークン（Security Tokens）

　セキュリティ・トークンとは，ICO実施の際に配布されるトークンに証券としての価値があるものを指す。この場合，当該トークンが現実世界の価値の裏付けとして利用されている。リップルは，セキュリティ・トークンに該当する可能性があるとされている。

(3)　ユーティリティ・トークン（Utility Tokens）

　ユーティリティ・トークンとは，あるサービスにアクセスするためのトークンとして使える場合における当該トークンのことをいう。たとえば，「分散型のクラウドストレージ」のプロジェクトがICOを行った場合において，トークンを購入したユーザーにクラウドストレージにアクセスできる権利が付与されるとき，当該トークンはユーティリティ・トークンとして分類される。

(4)　ユーティリティ・トークンにおけるさらなる区別

　ユーティリティ・トークンは，さらに下記のとおりに分類される。

1	ユーセージ・トークン (Usage tokens)	トークンの所有者がネットワークの機能やサービスにアクセスするためのもの	BTC (Bitcoin), STX (Stacks, Blockstack)
2	ワーク・トークン (Work tokens)	作業トークンとも言われ，トークンの所有者がシステムに「作業」を積極的に寄与できるようにするもの	REP (Reputation, Augur), MKR (Maker, MakerDAO)
3	ハイブリッド・トークン (Hybrid tokens)	上記の双方の機能を併有するもの	ETH (Ether, Ethereum), DASH (dash)

3　資金決済法にみる暗号資産

(1)　資金決済法における暗号資産の定義
資金決済法は，次の表のとおり，暗号資産を定義する（同法2条5項）。

1号	物品を購入し，もしくは借り受け，または役務の提供を受ける場合に，これらの代価の弁済のために<u>不特定の者</u>に対して使用することができ，かつ，不特定の者を相手方として購入および売却を行うことができる財産的価値（電子機器その他の物に電子的方法により記録されているものに限り，本邦通貨および外国通貨ならびに通貨建資産を除く）であって，電子情報処理組織を用いて移転することができるもの
2号	<u>不特定の者</u>を相手方として1号に掲げるものと相互に交換を行うことができる財産的価値であって，電子情報処理組織を用いて移転することができるもの

(2)　電子マネー（前払式支払手段）との対比
　ここで大事なのは，下線を引いた「不特定の者」という部分である。資金決済法は，いわゆる電子マネーを「前払式支払手段」として規制しており，暗号資産の定義は，前払式支払手段（同法3条1項1号2号）と対比するとよく理解できる（前払式支払手段については，第2節を参照）。すなわち資金決済法上「前払式支払手段」（同項1号2号）は，あらかじめ発行者に対し，利用できる分の金銭を「前払い」することを必要としており（いわゆるチャージ），その利用は，加盟店（その発行する者または当該発行する者が指定する者）に対してしかできないものとされている。加盟店でしか利用できないという点では，クレジットカードと全く同じであり，違いは，前払いか後払いかというだけである。
　これに対し，暗号資産は，加盟店はおろか，暗号資産による決済を受け入れるすべての者に対して利用することができる。それどころか，そもそもシステムを管理する「発行者」の存在すら前提とはしない。このことを資金決済法は「不特定の者」との語で表しているのである。

4　暗号資産の私法上の性質

　資金決済法は，暗号資産につき詳細な規定を設けているが，同法は，あくまでも「業法」にすぎず（同法1条参照），もっぱら暗号資産という法現象に対し，取引所などの遵守すべき業規制を設けているに過ぎない。暗号資産の私法上の性質については，解釈に委ねられている（民法が定義する電磁的記録（民151条4項）に該当することは明白だが，それだけでは何の問題の解決にもならない）。
　考え方としては，通貨に寄せて理解する見解（ただし，仮想通貨という呼称の時代

のもの），物に寄せて理解する見解，債権として捉えようとする見解等さまざまである。裁判例もまだ登場したばかりであり，帰一するところがない（ビットコイン取引所の破産に関するものとして東京地判平成27年8月5日（平成26年（ワ）33320号）および東京地判平成30年1月31日金判1539号8頁）。

事項索引

判例索引

《編者・執筆者紹介および執筆分担》

編　者

松嶋隆弘　　編者略歴参照
　　　　　　担当：第1編，第2編第1章・第2章，第3編第2章・第3章・第8章，
　　　　　　第6編第2章第2節・第3節

大久保拓也　編者略歴参照
　　　　　　担当：第4編，第5編

執筆者（執筆順）

鬼頭俊泰　　日本大学商学部　准教授
　　　　　　担当：第3編第1章・第5章，第6編第1章・第2章第1節

金澤大祐　　日本大学商学部　専任講師・弁護士（堀口均法律事務所）
　　　　　　担当：第3編第4章第1節～第5節・第7章・第9章・第10章

續　孝史　　弁護士（續法律事務所）
　　　　　　担当：第3編第4章第6節・第7節・第6章

〈編者略歴〉

松嶋　隆弘（まつしま　たかひろ）

日本大学法学部教授・弁護士（みなと協和法律事務所）
日本大学大学院法学研究科博士前期課程修了後，司法修習等を経て，現職。
私法学会理事，公認会計士試験委員（企業法）などを歴任。令和元年度会社法改正に関する衆議院法務委員会参考人
［著作］
松嶋隆弘編『実務が変わる！　令和改正会社法のまるごと解説』（令和2年，ぎょうせい）
松嶋隆弘＝渡邊涼介編『暗号資産の法律・税務・会計』（令和元年，ぎょうせい）
上田純子＝植松勉＝松嶋隆弘『少数株主権等の理論と実務』（令和元年，勁草書房）
　　等多数

大久保　拓也（おおくぼ　たくや）

日本大学法学部教授
日本大学大学院法学研究科博士後期課程満期退学。日本大学法学部助手・専任講師・准教授を経て，現職。
日本空法学会理事，日本登記法学会監事等を歴任。令和元年度会社法改正に関する参議院法務委員会参考人
［著作］
松嶋隆弘編『実務が変わる！　令和改正会社法のまるごと解説』（令和2年，ぎょうせい）〔共著〕
神作裕之＝藤田友敬編『商法判例百選』別冊ジュリスト243号（令和2年，有斐閣）〔共著〕
　　等多数

商事法講義3（支払決済法）

2020年10月15日　　第1版第1刷発行

編　者	松　嶋　隆　弘	
	大　久　保　拓　也	
発行者	山　本　　　継	
発行所	㈱中　央　経　済　社	
発売元	㈱中央経済グループ パブリッシング	

〒101-0051　東京都千代田区神田神保町1-31-2
電話　03（3293）3371（編集代表）
03（3293）3381（営業代表）
http://www.chuokeizai.co.jp/
印刷／三　英　印　刷　㈱
製本／侑井　上　製　本　所

© 2020
Printed in Japan

＊頁の「欠落」や「順序違い」などがありましたらお取り替えいたしますので発売元までご送付ください。（送料小社負担）
ISBN978-4-502-36031-2　C3032

「Q&Aでわかる業種別法務」
シリーズ

――――――――― 日本組織内弁護士協会〔監修〕 ―――――――――

　インハウスローヤーを中心とした執筆者が，各業種のビジネスに沿った法務のポイントや法規制等について解説するシリーズです。自己研鑽，部署のトレーニング等にぜひお役立てください。

Point

- 実際の法務の現場で問題となるシチュエーションを中心にQ&Aを設定。
- 執筆者が自身の経験等をふまえ，「実務に役立つ」視点を提供。
- 参考文献や関連ウェブサイトを随所で紹介。本書を足がかりに，さらに各分野の理解を深めることができます。

〔シリーズラインナップ〕

銀行	…………………………………	好評発売中
不動産	…………………………………	好評発売中
自治体	…………………………………	好評発売中
医薬品・医療機器	…………………	好評発売中
証券・資産運用	……………………	好評発売中
製造	…………………………………	好評発売中
建設	…………………………………	続　　刊
学校	…………………………………	続　　刊

中央経済社